초등학생
문해 독서
초급 4호

행복한 논술 편집부 엮음

독서를 지도하시는 분
심층 독서가 필요한 학생을 위한 책!

잎싹은 닭장에 갇힌 채 병아리가 될 수 없는 무정란만 낳다가 죽을 운명이다. 그런 잎싹이 알을 품어 병아리를 갖고 싶은 꿈을 꾼다. 꿈을 이루려면 닭장을 나와 수탉과 함께 지내야 한다. 주어진 상황만 놓고 보면 이룰 수 없는 꿈이다. 『마당을 나온 암탉』(황선미 지음, 사계절 펴냄)의 줄거리다. 『마당을 나온 암탉』은 꿈이 없는 시대를 사는 어린이들에게 가장 소중한 꿈과 도전, 미래 세대에 대한 책임 의식을 불러일으키려고 다뤘다.

『문해독서』가 선정한 책들은 신문 기사와 접목해 현실에 바탕을 두고 치밀하면서도 융합적 시각으로 접근했다. 따라서 독서 토론의 새로운 이정표가 될 수 있다. 예를 들어 『흥부전』에서는 노동이 없는 소득에 세금을 많이 부과해야 하는 까닭, 흥부의 다자녀 정신과 노블레스 오블리주 정신이 현대에 필요한 이유, 박을 한 번 타고 그쳤으면 나왔을 텐데 마지막 박까지 타서 목숨을 잃을 위기에 빠진 놀부의 투기 심리와 카지노 폐인을 연계한 문제까지 철저하게 경제적 시각에서 조명했다. 1호부터 4호까지 각 호에 들어 있는 12권의 책을 이처럼 융합적 방식으로 읽으면 고전이나 양서를 통해 세상을 보는 지혜의 눈이 뜨일 것이다.

『문해독서』는 시사논술 월간지 '행복한 논술'이 15년 넘게 개발한 신개념 독서 프로그램이다. 이들 책에는 4차 산업혁명 시대의 초등학생이라면 갖춰야 할 다양한 영역의 배경 지식과 지혜가 담겨 있다. 선정한 책마다 독서의 방향성과 지식의 확장성을 뒷받침할 수 있는 전체 내용 요약 지문과 급별로 7~8개의 심층 질문을 제시했다. 마지막 심층 질문은 시사와 연계해 토론과 논술이 가능하도록 해서, 융합적 사고력과 문제 해결 능력을 키울 수 있다. 한 권의 책을 읽어도 뚫어지게 읽으면서 평생의 자양분으로 삼으면 좋겠다.

행복한 논술 편집부

초등학생 문해독서 초급 4호

차례 보기

과학

1. 『누가 숲을 사라지게 했을까?』 07
   숲이 살아야 사람도 살아요

2. 『발명가 로지의 빛나는 실패작』 15
   실패 두려워하지 말아야 성공할 수 있어

3. 『버섯 팬클럽』 23
   버섯 관찰하면서 자연의 소중함 배워

4. 『은행나무 열매』 31
   어른이 되려면 지금부터 조금씩 준비해야

사회 문화

5. 『이웃집에는 어떤 가족이 살까?』 39
   가족의 모습은 달라도 행복하게 살 수 있어

6. 『말들이 사는 나라』 47
   착한 말만 하지 말고 나쁜 말도 지혜롭게 써야

7. 『다름 다르지만 같은 우리』 55
   나라마다 다른 문화 서로 존중해야

국내문학

8. 『강아지 시험』　　　　　　　　　　　63
　　반려동물 기르려면 끝까지 책임져야

9. 『황금 사과』　　　　　　　　　　　　71
　　욕심과 미워하는 마음이 만든 괴물

세계문학

10. 『보이지 않는 아이』　　　　　　　　79
　　작은 관심이 친구 사귀는 열쇠

11. 『세 가지 질문』　　　　　　　　　　87
　　지금 함께 있는 사람이 가장 중요해요

12. 『크리스마스 선물』　　　　　　　　　95
　　가장 값진 선물은 상대를 사랑하는 마음

답안과 풀이　　　　　　　　　　　　103

☞지침서와 추가 문제는 행복한 논술 홈페이지(www.niefather.com) 자료실에서 내려받으실 수 있습니다.

과학

숲이 살아야 사람도 살아요

『누가 숲을 사라지게 했을까?』

임선아 지음, 와이즈만북스 펴냄, 56쪽

줄거리

  사람들의 지나친 욕심과 이기심이 자연을 어떻게 파괴하는지 보여 줍니다. 숲은 과자와 라면과 햄버거를 즐겨 먹고, 나무젓가락을 사용해도 파괴됩니다. 아무렇지 않게 종이를 낭비하는 순간에도 나무는 사라집니다. 사람들의 작은 습관 하나가 거대한 숲을 죽일 수도 있습니다. 숲이 사라지면서 지구 온난화도 심해지고, 살 곳과 먹잇감을 잃은 수많은 동식물이 사라지고 있습니다. 숲을 지키는 일은 사람과 동식물, 지구를 살리는 가장 확실한 방법입니다.

본문 맛보기

나무젓가락 많이 쓸수록 숲과 동물 사라져

숲에 가면 노란 꽃이 핀 히어리와 솜털 보송보송한 솜다리를 볼 수 있어. 숨바꼭질하는 너구리, 도토리를 먹는 다람쥐도 보일 거야. 숲은 이들 모두에게 밥상이고, 재미있는 놀이터이며 포근한 이불이야. 숲에서는 온갖 나물과 나무 열매를 얻을 수 있어. 숲속의 나무는 이산화탄소를 흡수해서 산소를 만들지. 빗물을 저장했다가 조금씩 흘려보내 홍수와 가뭄도 조절해 주지. 종이가 되기도 하고, 사람들이 사는 집이 되기도 해. 그런 데 이런 숲이 점점 사라지고 있어. 숲이 사라지면 많은 문제가 생겨. 사막이 점점 넓어지고 동물도 사라져 버려. 나무가 없으니까 홍수와 가뭄, 산사태도 쉽게 일어나잖아. 햇빛과 이산화탄소를 흡수하지 못해 지구는 점점 더 뜨거워지고. 그런데 숲이 사라진 까닭은 사람들이 쓰는 나무젓가락 때문이야. (4~12쪽)

▲히어리(위 사진)와 솜다리.

욕심 부려 숲 파괴… 숲 살려야 사람도 살아

햄버거 속에는 쇠고기가 들어가지. 그래서 소가 자라는 풀밭을 만들려고 나무를 베어 버리지. 사탕수수와 옥수수는 단맛을 내는 것 말고도 석유 대신 쓸 수 있는 연료로도 만들 수 있어. 그래서 숲을 없애고 사탕수수와 옥수수를 더 많이 심고 싶어 하지. 새우를 더 많이 키우려고 맹그로브를 베어 내고 있어. 맹그로브

▲사람들의 습관 하나가 숲을 살릴 수도 있고 죽일 수도 있다.

숲은 수많은 동물이 살아가는 터전이야. 그런데 새우 양식장이 생겨서 동물들이 살 곳을 잃어 버렸어. 양식장에서 쓰는 항생제와 화학 비료 때문에 물도 더러워졌지. 사람들은 팜유를 얻기 위해 숲이 있던 곳에 기름야자만 심어 농장을 만들었어. 팜유는 라면이나 과자, 비누와 화장품을 만들 때 쓰이지. 최근 50년 사이에 세계의 3분의 1이나 되는 숲이 사라지고, 그곳에 살던 수많은 생명도 사라졌지. 숲은 사람들과도 이어져 있어. (15~40쪽)

1 사람들이 숲에서 얻는 이익을 아는 대로 말해 보세요.

▲숲은 시원한 그늘이 되어 주고, 휴식 공간이 되기도 한다.

2 기름야자에서 더 많은 팜유를 뽑아낼수록 자연에 어떤 문제가 생길지 아래 그림을 보고 추측해 보세요.

▲나무를 베어 내고 그 자리에 기름야자를 심었다.

머리에 쏘옥

기름야자와 팜유

팜유는 기름야자의 열매에서 짜낸 기름입니다. 식용유와 마가린, 쇼트닝을 오랫동안 보관하려면 팜유를 넣어야 합니다. 팜유는 빵과 과자에도 많이 포함되어 있어요. 감자칩이나 초콜릿, 라면, 도넛, 아이스크림에도 쓰입니다. 팜유의 값이 싸고 오랫동안 보관할 수 있기 때문입니다. 주방 세제와 샴푸, 비누, 화장품의 원료로도 사용되지요.

문제는 팜유 탓에 숲이 사라진다는 것입니다. 팜유를 얻기 위해 나무를 베어 낸 뒤 기름야자를 심기 때문이지요. 주변에 팜유 공장을 세우면서도 숲을 파괴합니다.

▲팜유는 기름야자의 열매에서 얻는다.

생각이 쑥쑥

3 맹그로브 숲을 지켜 달라고 호소하는 손팻말에 들어갈 말을 지어 보세요.

▲필리핀 샤르가오섬 주변의 맹그로브 숲. <사진 : 환경재단>

4 9쪽의 밑줄 친 부분에서 숲을 보호하려면 사람들이 식생활을 어떻게 바꿔야 할지 말해 보세요.

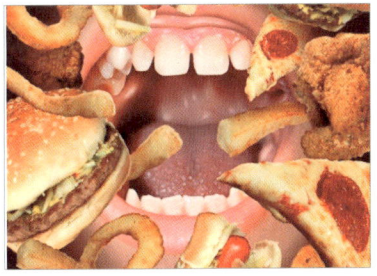

▲햄버거를 많이 먹으면 숲이 파괴된다.

머리에 쏙옥

맹그로브 숲

거의 모든 나무가 바닷물 속에서는 소금기 때문에 살 수 없습니다. 그런데 맹그로브는 바닷물에서도 숲을 이루고 삽니다. 갯벌이나 바닷물에 잠긴 땅속에서 뿌리를 뻗고 자라는 것이죠. 그런데 뿌리의 일부가 물 위로 나와 있고, 그 뿌리로 숨을 쉰답니다. 이 뿌리를 '호흡뿌리'라고 합니다.

맹그로브 숲은 모래나 흙이 파도에 휩쓸려 가지 못하게 막고, 육지에서 흘러든 오염된 물을 깨끗하게 해 줍니다. 산소도 내뿜지요.

그래서 맹그로브 숲에는 수많은 동물이 삽니다. 나무 위에는 원숭이와 새들이 살고, 물속에 잠긴 뿌리 주변에서는 새우와 게, 물고기가 살면서 알을 낳아 자손을 퍼뜨립니다.

▲맹그로브 숲은 모래나 흙이 파도에 휩쓸려 가는 것도 막고, 거친 파도도 막아 준다.

생각이 쑤욱

5 숲에 나들이를 갔을 때 숲을 보호하기 위해 지켜야 할 행동을 말해 보세요.

▲야외에서 캠핑을 즐기는 사람이 늘면서 버려지는 쓰레기도 늘고 있다.

6 숲을 지키기 위해 생활하면서 자신이 고쳐야 할 습관을 모두 들고, 어떻게 고칠지도 이야기해 보세요.

▲나무젓가락을 만들려면 나무가 필요하다.

머리에 쏘옥

일회용품 사용 줄여야

우리나라에서 1년에 사용되는 나무젓가락은 25억 개나 됩니다. 20년 자란 나무 한 그루로 3000~4000개의 나무젓가락을 만들 수 있습니다. 그러니까 62만 5000~83만 3000그루의 나무를 베어야 하는 셈이죠. 나무젓가락을 쓰지 않으면 해마다 여의도 9개 넓이의 숲을 지킬 수 있어요. 중국의 경우 필요한 나무젓가락을 만들기 위해 1년에 2000만 그루의 나무를 베어 내고 있지요. 나무젓가락은 20년이나 걸려야 썩어 없어지기 때문에 환경에도 좋지 않습니다.

종이컵을 사용해도 나무를 베어야 합니다. 우리나라에서 쓰이는 일회용 종이컵은 1년에 230억 개나 됩니다. 종이컵 250개를 만드는 데 소나무 한 그루가 들어갑니다. 그러니 9200만 그루가 베어지는 것이죠. 그리고 종이컵 한 개를 만들려면 물도 1리터짜리 큰 콜라병으로 22개가 넘게 쓰입니다.

생각이 쑥쑥

7 아마존의 숲이 사라지면 어떤 점이 나쁠지 설명하고, 아마존의 숲을 지킬 방법도 이야기해 보세요(200~250자).

아마존의 숲이 자꾸만 사라지고 있다. 땅을 사용하기 위해 나무를 몰래 베어 냈거나 불이 나서 타 버렸기 때문이다. 나무를 베어 낸 곳에는 광산을 개발하거나 농사를 짓는다. 또 가축을 기르는 풀밭을 만들기도 한다. 아마존의 숲은 우리나라 넓이의 70배쯤 되는데, 산소를 많이 내뿜기 때문에 '지구의 허파'로 불려 왔다. 하지만 지금은 숲이 너무 많이 파괴되는 바람에 죽은 나무들이 산소가 아닌 이산화탄소를 내뿜어 오히려 공기를 오염시키고 있다고 한다.

▲불이 나거나 나무를 몰래 베어 낸 아마존의 숲 모습.

<신문 기사 참조>

과학

실패 두려워하지 말아야 성공할 수 있어

『발명가 로지의 빛나는 실패작』

안드레아 비티 지음, 천개의바람 펴냄, 32쪽

줄거리

로지는 훌륭한 발명가의 꿈을 꿉니다. 어느 날 삼촌을 위해 발명품을 만들었지만, 이를 본 삼촌이 그만 크게 웃어 버렸어요. 로지는 자신감을 잃어버렸죠. 하지만 그 뒤 자기 발명품을 다른 사람에게 보여 주지 않고 숨어서 발명을 공부합니다. 어느 날 이모할머니가 오셨어요. 로지는 할머니의 꿈을 이뤄 드리려고 하늘을 나는 기계를 만듭니다. 하지만 기계는 잠시 날아오르다 곤두박질쳤어요. 이모할머니는 실망한 로지에게 망가지기 전에는 날았으니, 성공한 작품이라고 칭찬했어요.

삼촌이 자기 발명품 본 뒤 크게 웃자 실망

로지는 훌륭한 발명가가 되겠다는 꿈을 키웁니다. 어릴 적부터 핫도그 소스 자동 뿌리개와 공중으로 몸을 띄워 주는 헬륨 바지 등 여러 발명품을 만들었어요. 로지는 삼촌과 이모에게 자기 발명품을 뽐내곤 했습니다. 어느 날 로지는 동물원 사육사인 삼촌을 걱정해 뱀을 쫓아 주는 모자를 만들어 자랑스럽게 보여 주었어요. 하지만 삼촌은 모자를 보고 크게 웃어 버렸죠. 로지는 자기 발명품이 웃음거리가 되었다고 생각해 실망했어요. 그리곤 모자를 선반 뒤쪽에 처박아 두었지요. 그 뒤 로지는 부끄럼이 많은 아이가 되었지요. 하지만 발명가의 꿈은 포기하지 않았어요. 보는 사람이 없을 때는 쓰레기통을 뒤져 발명에 쓸모가 있는 물건을 찾곤 했어요. 그리고 밤마다 다락방에서 뭔가를 만들고, 만든 물건은 자기 침대 아래에 숨겨 놓았어요. (2~13쪽)

▲로지는 삼촌을 위해 뱀을 쫓는 모자를 만들었다. 하지만 삼촌이 발명품을 보고 크게 웃는 바람에 자신감을 잃었다.

이런 뜻이에요

헬륨 냄새와 색깔이 없으며 아주 가벼운 기체.

본문 맛보기

이모할머니의 칭찬 듣고 발명에 용기 얻어

이모할머니가 로지네 집에 놀러 오셨어요. 이모할머니는 과거에 비행기를 만드는 일을 하셨는데, 로지에게 하늘을 날고 싶다는 꿈을 말해 주었어요. 로지는 이모할머니의 꿈을 이루어 드릴 방법을 밤새 고민했어요. 그리고 다음 날 '헬리오치즈콥터'를 완성했어요. 로지는 커다란 발명품을 마당으로 가지고 나가 실험했어요. 하지만 한순간 떠올랐다가 땅으로 곤두박질쳤어요. 이모할머니는 크게 웃었죠. 로지는 실망해서 발명가의 꿈을 포기하고 싶어졌어요. 그래서 그 자리를 피하려고 몸을 돌렸지요. 그때 이모할머니는 로지에게 잠시라도 날았다는 사실이 중요하다고 말했어요. 그리고 그 발명품이 빛나는 성공작이라며 칭찬도 아끼지 않았죠. 이모할머니의 웃음은 기뻐서 나온 것이었어요. 이모할머니는 로지에게 다시 도전하자고 합니다. (14~31쪽)

▲이모할머니를 위해 만든 헬리오치즈콥터는 하늘로 잠시 날아올랐다가 곤두박질쳤다.

이런 뜻이에요

이모할머니 아버지의 이모. 할머니의 언니나 여동생이다.

생각이 쑤욱

1 '실패는 성공의 어머니'라는 말의 뜻이 무엇인지 예를 들어 설명하세요.

▲에디슨은 전구를 발명하기까지 2000번이나 실패했다.

2 로지는 바지에 헬륨을 집어넣어 공중으로 몸을 띄워 주는 헬륨 바지를 만들었습니다. 이를 더하기 발명이라고 합니다. 빼기를 이용한 발명품의 예를 들어 보세요.

▲유선 전화기에서 선을 빼어 무선 전화기를 만들었다.

머리에 쏘옥

실패는 성공의 어머니

'실패는 성공의 어머니'라는 말이 있습니다. 도전해서 실패해도 이를 발판 삼아 다시 도전하면 언젠가는 성공한다는 말입니다. 어려운 일일수록 한 번에 성공하기 어렵습니다. 위대한 발명가들의 대다수가 실패를 여러 번 한 끝에 성공했습니다.

미국의 발명가 에디슨(1847~1931)은 자신이 좋아하는 일에 집중해서 끈질기게 도전했습니다. 그 결과 전구와 축음기 등 1000가지가 넘는 발명품을 만들었지요. 미국의 발명가 윌버 라이트(1867~1912)와 오빌 라이트(1871~1948) 형제는 800번이 넘는 실패 끝에 1903년 비행기를 만들었지요.

▲토머스 에디슨은 세계에서 가장 많은 발명을 남긴 사람이다.

3 발명가가 되려면 과학 외에도 여러 분야의 책을 많이 읽어야 하는 까닭을 말해 보세요. 그리고 앞으로 1주일에 한 권씩 한 달 동안 읽을 책의 목록도 만들어 보세요.

분야	읽을 책
사회	『공감 씨는 힘이 세!』 (김성은 지음, 책읽는곰 펴냄, 44쪽)
여러 분야의 책을 많이 읽어야 하는 까닭	

4 로지의 이야기에서 보듯, 발명가는 어떤 마음으로 발명해야 하는지 생각해 보세요.

▲로지는 삼촌을 걱정하는 마음에서 뱀을 쫓는 모자를 만들었다.

머리에 쏘옥

발명 아이디어를 얻는 방법과 발명할 때의 마음

발명 아이디어를 얻는 방법은 더하기와 빼기, 다른 사람의 입장이 되어 보기가 있습니다.

더하기는 지금 있는 물건에 다른 물건(또는 기능)을 합치는 일입니다. 지우개 달린 연필을 들 수 있지요. 빼기는 지금 있는 물건에서 어떤 기능을 빼거나 고쳐 다른 모양의 물건을 만드는 일입니다. 처음 만든 연필이 둥글어 책상에서 쉽게 굴러떨어지자, 연필을 각지게 해서 굴러떨어짐을 막았지요.

남을 배려하는 눈으로 봐도 발명품이 나옵니다. 다리가 불편한 사람을 위한 의족이나 휠체어를 들 수 있지요. 로지도 삼촌을 위해 뱀을 쫓아 주는 모자를 발명했고, 이모할머니의 꿈을 이루어 드리려고 헬리오치즈콥터를 만들었지요.

왜 다양한 책을 많이 읽어야 할까

발명가가 되려면 여러 분야의 지식이 필요합니다. 기계의 원리나 수학도 공부해야 하고, 디자인도 알아야 합니다. 창의성도 뛰어나야지요.

따라서 이러한 지식을 짧은 시간에 많이 쌓으려면 다양한 분야의 책을 부지런히 읽어야 합니다.

생각이 쑤욱

5 아래 발명품들이 없었다면, 지금 사람들이 어떤 불편을 겪을지 생각해 보세요.

▲가정용 냉장고는 1911년 미국의 종합 가전업체인 제너럴 일렉트릭이 만들었다.

▲최초의 자동차는 1885년 독일의 기계 기술자인 칼 프리드리히 벤츠가 만들었다.

▲최초의 휴대 전화는 1973년 미국의 전기 기기 업체인 모토로라의 부사장이던 마틴 쿠퍼가 만들었다.

머리에 쏘옥

세상을 바꾼 발명품

사람은 다른 동물보다 힘이 세거나 빠르지 않습니다. 하지만 열심히 연구하고 노력해서 과학 기술을 발전시켰지요. 세상을 바꾼 대표적인 발명품에는 냉장고와 자동차, 휴대 전화 등이 있습니다.

냉장고는 식품과 약품 등을 차게 하거나 썩지 않도록 보관할 수 있습니다. 냉장고가 없을 때는 음식을 오래 보관할 수 없어 상한 음식을 먹고 배탈이 나기 쉬웠습니다. 냉장고가 발명된 뒤 사람들의 건강이 무척 좋아졌습니다.

자동차가 나오지 않았을 때는 먼 곳을 갈 때도 걷거나 말을 타야 했습니다. 그래서 시간이 오래 걸렸지요. 특히 무거운 짐을 옮기려면 여러 사람이 오랫동안 힘을 들여야 했지요.

휴대 전화가 없을 때는 산과 바다에 나가거나 차를 타고 이동할 때, 전화가 없는 곳에서는 다른 사람과 소통하지 못했습니다. 특히 위급한 상황에서 119 구조 전화도 하지 못했지요.

생각이 쑤욱

6 내가 발명하고 싶은 것을 한 가지만 정하고, 누구를 위한 어떤 발명품인지 소개하세요(200~250자).

> '스타일러'는 가정에서 옷의 먼지를 털어 주고 주름을 펴 주는 가전제품이다. 가전제품을 만드는 엘지전자의 부회장에게 그의 아내가 '화장실에 뜨거운 물을 틀어 놓고 수증기가 꽉 찬 상태에서 옷을 걸어 놓으면 구김이 펴지는 효과가 있다'는 얘기를 한 적이 있다. 부회장은 이 말을 놓치지 않았고, 2011년에 발명품으로 만들었다. 조그만 일도 호기심을 가지고 탐구하면 이처럼 가치가 큰 발명으로 이어진다.
>
> <신문 기사 참조>

▲욕실에 온수를 틀어 놓으면 수증기가 생기면서 걸어 놓은 옷의 주름이 펴진다.

과학

버섯 관찰하면서
자연의 소중함 배워

『버섯 팬클럽』
엘리즈 그라벨 지음, 씨드북 펴냄, 64쪽

줄거리

숲에는 보물 같은 버섯이 숨어 있습니다. 숲속을 거닐며 자세히 살펴보면 여러 가지 버섯을 만날 수 있습니다. 버섯은 종류에 따라 모양과 크기, 색깔, 냄새가 서로 다릅니다. 버섯을 구별하는 좋은 방법은 갓이라고 불리는 우산 모양의 밑을 살펴보는 것입니다. 버섯을 관찰할 때는 버섯이 사는 자연을 존중해야 합니다. 또 독이 든 버섯이 많기 때문에 함부로 먹으면 안 됩니다. 두 가지 주의할 점을 지키면서 버섯을 관찰하면 즐거움을 느낄 수 있습니다. 또 책을 읽으면 버섯에 대해 더 많은 내용을 알 수 있습니다.

> 본문 맛보기

버섯은 식물이 아니라 균류… 종류 무척 많아

아이들과 숲속을 거닐면서 버섯을 관찰하곤 한다. 그럴 때면 마치 숨겨 놓은 보물을 찾는 느낌이 든다. 버섯은 살아 있는 생물체이지만 식물도 동물도 아닌 균류이다. 몇 가지 버섯은 우산을 닮았는데, 그렇지 않은 모양의 버섯도 있다. 버섯은 종류에 따라 모양과 크기, 색깔, 냄새가 서로 다르다. 버섯의 종류를 구별하는 좋은 방법은 갓이라고 불리는 우산 모양의 밑을 살펴보는 것이다. 양송이는 갓 밑에 얇은 주름살이 나 있다. 어떤 버섯은 돌기가 나 있거나 스펀지 같은 구멍이 뚫려 있기도 하다.

▲양송이는 우산 모양의 갓 밑에 얇은 주름이 나 있다.

버섯의 생김새

갓 밑에는 씨앗과 같은 역할을 하는 포자가 있다. 버섯은 포자로 자손을 퍼뜨린다. 자라는 장소도 풀밭이나 썩은 나무, 살아 있는 나무줄기 등 다양하다. 버섯의 종류는 아주 많다. 버섯을 먹는 동물도 사슴과 새, 곰 등 여러 가지다. (6~21쪽)

이런 뜻이에요

균류 다른 생물에 붙어 양분을 흡수해 살고, 포자로 자손을 퍼뜨리는 곰팡이와 버섯.
양송이 주름버섯과의 버섯. 갓의 지름은 5~12센티미터이며 살은 두껍고 흰색인데, 상처를 내면 담황색으로 바뀐다.
포자 균류에서 자신과 똑같은 자손을 만드는 씨앗.

본문 맛보기

버섯을 관찰할 때는 뽑지 말아야

숲에서 버섯을 관찰할 때는 두 가지 규칙을 지켜야 한다. 먼저 자연을 존중해야 한다. 버섯은 자연과 모든 걸 함께하고, 많은 동물의 먹이가 되므로 뽑으면 안 된다. 버섯을 더 잘 관찰하고 싶으면 사진을 찍거나 그림을 그려 보자. 또 독

▲숲에서 자라는 버섯은 대개 독성이 있으므로 함부로 먹지 말아야 한다.

이 든 버섯이 많으니 함부로 먹어서도 안 된다. 규칙을 지키며 버섯을 관찰하면 여러 가지 버섯을 만날 수 있다. 갓 밑이 스펀지 같은 그물버섯, 주황빛의 꾀꼬리버섯 등 여러 모양의 버섯이 있다. 흰 달걀처럼 생긴 댕구알버섯은 밟으면 방귀 소리를 내며 연기가 나온다. 이때 포자가 퍼진다. 또 갓에 흰점이 박힌 모양의 광대버섯은 독버섯이다. 버섯은 종류가 수천 가지이므로 더 알고 싶다면 책을 읽어 보자. 버섯은 음식의 재료 말고도, 의약품과 페인트, 벽돌, 인조 가죽 등 다양한 재료로 쓰인다. (22~61쪽)

생각이 쑤욱

1 알고 있는 버섯의 이름과 특징을 말해 보세요.

▲표고버섯은 갓이 둥글며, 자루는 굵고 짧다.

머리에 쏘옥

버섯과 식물의 다른 점

버섯은 동물이나 식물도 아닌 균류입니다. 균류는 식물처럼 이동하지 못합니다.

그런데 식물은 빛을 받아 물과 이산화탄소를 가지고 스스로 양분을 만들어 살아갑니다. 그러나 버섯은 그럴 수 없지요. 버섯은 동물처럼 식물이나 다른 동물에게서 영양분을 얻어 살아갑니다.

식물은 잎, 줄기, 뿌리로 이뤄져 있지만, 버섯은 가는 실 모양의 균사로 이루어져 있습니다.

버섯은 종류에 따라 생긴 모양이 조금씩 다릅니다. 일반적으로는 갓과 주름살, 자루, 균사 등으로 이뤄집니다.

2 버섯과 식물의 다른 점을 알아봐요.

▲식물은 햇빛을 받아 스스로 양분을 만들어 산다.

버섯과 식물은 동물과 다르게 다른 곳으로 이동하지 않고 한곳에서만 살아간다. 버섯은 동물처럼 스스로 양분을 만들지 못하고 다른 생물에 의지해 양분을 얻어 산다. 버섯은 또 씨앗 대신 포자로 자손을 퍼뜨린다.

생각이 쑤욱

3 버섯을 관찰할 때 '자연을 존중하라'는 말이 무슨 뜻인지 예를 들어 말하고, 자연을 존중하지 않으면 어떤 문제가 생길지도 생각해 보세요.

▲버섯을 관찰할 때는 버섯을 함부로 따면 안 된다.

4 자연이 사람에게 어떤 이로움을 주는지 아는 대로 이야기해 보세요.

▲나무로 집을 지을 수 있다.

머리에 쏘옥

자연이 주는 이로움

사람은 자연에서 음식의 재료 말고도 여러 가지로 얻는 게 많습니다.

숲은 사람에게 쉴 수 있는 장소가 되어 줍니다. 나무는 종이의 재료가 되고, 집과 가구를 만드는 데도 쓰입니다.

목화에서는 옷감을 얻을 수 있지요. 버드나무는 아플 때 먹는 아스피린의 재료가 됩니다. 푸른곰팡이로는 세균을 이길 수 있는 페니실린이라는 약을 만듭니다.

석유는 동물이나 식물이 죽어서 땅속에 묻힌 뒤 아주 오랜 시간이 지나면서 만들어졌습니다.

▲목화솜으로 옷감을 짤 수 있다.

5 지렁이가 하는 일을 알아보고, 징그럽게 생겼어도 지렁이를 함부로 대하면 안 되는 이유를 설명하세요.

▲지렁이는 나뭇잎과 죽은 동물을 잘게 분해해서 땅을 기름지게 만든다.

지렁이를 함부로 대하면 안 되는 까닭

땅속에는 여러 가지 생명체가 삽니다. 이 가운데 지렁이는 나뭇잎이나 동물의 똥을 먹고 살지요.

나뭇잎이나 똥을 그대로 두면 땅에 흡수되지 않아 영양분으로 쓰이지 못합니다. 그런데 지렁이가 이러한 물질을 잘게 분해해서 영양 흡수를 돕는답니다.

지렁이는 또 먹이를 옮길 때 땅 위의 물질을 땅속으로, 땅속의 물질을 땅 위로 운반하며 땅에 조그만 구멍을 냅니다. 이렇게 되면 공기도 잘 통하고 빗물이 땅속 깊이 빠르게 스며들지요. 그럼 식물의 뿌리가 수분을 잘 흡수하도록 만들어 줍니다.

지렁이가 음식물을 먹고 내놓은 배설물은 땅을 기름지게 해서 식물을 건강하게 자라도록 합니다. 따라서 화학 비료의 사용을 줄여 환경을 보호합니다. 지렁이는 또 음식물 쓰레기를 먹어치우므로 쓰레기의 양을 줄입니다. 그리고 배설물은 텃밭이나 화단의 거름으로 사용할 수 있습니다.

생각이 쑤욱

6 아래 내용을 참고해 자연 관찰 계획을 세워 보세요.
☞자연을 관찰하러 떠나기 전에 어디에서 무엇을 왜 관찰할지, 준비물은 무엇이 필요한지 등을 정합니다.

숲으로 들어가면 자연을 관찰할 수 있다. 숲길을 거닐면서 나무나 꽃의 이름과 특징, 숲의 가치 등을 배울 수 있다. 숲속에서는 자연이 주인이고, 사람은 손님이므로 자연을 관찰할 때는 주의할 점이 있다. 길이 아닌 곳으로는 다니지 말고, 꽃과 나무는 꺾지 않는다. 동물의 먹이가 되는 밤이나 도토리도 줍지 않는다. 동물이 놀라니 큰 소리로 떠들어서도 안 된다.

<신문 기사 참조>

▲자연을 관찰할 때는 떠들지 말아야 한다.

자연 관찰 계획서

관찰 목적 :

관찰 대상 :

관찰할 내용 :

장소 :

함께 가는 사람 :

준비물 :

주의할 점 :

과학

어른이 되려면 지금부터 조금씩 준비해야

『은행나무 열매』

미야자와 겐지 지음, 여유당 펴냄, 48쪽

줄거리

어머니 은행나무 한 그루가 있습니다. 올해는 천 명의 황금색 아이들(열매)이 태어났지요. 아이들은 어느 새벽에 한꺼번에 잠에서 깨어납니다. 각자 여행을 떠나는 날이기 때문이지요. 어머니는 아이들이 떠나는 게 슬퍼서 부채 모양의 황금 머리카락을 어제까지 모두 떨어뜨렸습니다. 아이들은 어떤 곳으로 가게 될지 걱정도 되지만 기대도 됩니다. 아이들은 동쪽 하늘에 햇살이 비칠 때 엄마에게 작별 인사를 마치고 모두 나뭇가지에서 뛰어내립니다.

> 본문 맛보기

천 개의 열매가 엄마 품을 떠날 준비 마쳐

어머니 은행나무 한 그루가 있습니다. 올해는 천 명의 황금색 아이들(열매)이 태어났지요. 아이들은 어느 날 새벽에 모두 잠에서 깨었어요. 각자 여행을 떠나는 날이기 때문이었죠. 어머니는 아이들이 떠나는 게 슬퍼서 부채 모양의 황금 머리카락을 어제까지 모두 떨어뜨렸습니다. 한 아이가 떨어질 때 눈이 빙글빙글 돌지는 않을지 걱정합니다. 옆 아이가 눈을 꼭 감으면 괜찮다고 말해 줍니다. 또 다른 아이는 여행을 떠나 속이 좋지 않을 때 마시려고 박하 물을 준비합니다. 어떤 곳으로 갈지 불안해하는 아이도 있습니다. 한 아이는 아무 데도 가지 않고 엄마랑 함께 있고 싶다며 떼를 쓰네요. 하지만 바람이 날마다 그건 안 된다고 말했습니다. 아이들은 뿔뿔이 헤어진다고 생각하니 그동안 멋대로 굴었던 일이 생각나서 서로 사과합니다. (6~17쪽)

▲천 명의 아이들은 어느 날 어머니 은행나무를 한꺼번에 떠날 준비를 마쳤다.

이런 뜻이에요
박하 잎과 줄기가 향이 진한 여러해살이 온대 지방의 식물.

> 본문 맛보기

모두 자기만의 꿈을 가지고 엄마 곁 떠나

▲아이들은 각자의 꿈을 가지고 이별의 슬픔이 가득한 엄마 나무를 떠났다.

　아침 햇살이 나무를 하얗게 비춥니다. 가장 높은 곳에 있던 남자아이 둘은 황금빛 별이 될 거라면서 자신들을 하늘로 데려다 줄 북풍과 까마귀를 기다립니다. 그 아래 아이는 성을 찾아가 공주님과 결혼할 거랍니다. 옆의 아이는 결혼식에 손님으로 가도 되냐고 묻습니다. 동쪽 하늘이 하얗게 타오르자 나무가 시끄러워집니다. 이제 떠날 시간입니다. 아이들은 빵을 나눠 담습니다. 한 아이는 외투를 잃어버린 아이에게 다가가서 자기 외투를 번갈아 입자고 합니다. 빛 다발이 황금 화살처럼 한꺼번에 날아오고, 북쪽에서는 얼음처럼 차가우면서 투명한 바람이 불어옵니다. 그때 아이들은 다 같이 "엄마, 안녕."이라고 말하며 나뭇가지에서 뛰어내립니다. 해님은 이별의 슬픔으로 가득 찬 어머니 나무와 여행을 떠나는 아이들에게 빛을 던져 줍니다. (18~43쪽)

이런 뜻이에요

북풍 북쪽에서 주로 겨울에 불어오는 차가운 바람.

생각이 쑤욱

1 어른이 되면 이루고 싶은 꿈을 이야기해 보세요.

☞ 커서 되고 싶은 직업이나 꼭 하고 싶은 일을 생각해 보세요.

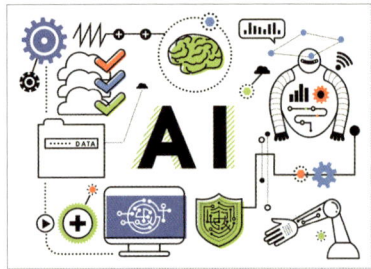

▲사람을 잘 웃기는 간병인 로봇을 만들어 병원에서 외롭게 지내는 노인들을 돕고 싶다.

2 33쪽 밑줄 친 부분처럼, 누군가 어려움에 빠졌을 때 도우면 좋은 점을 말해 보세요.

▲어려움에 빠진 친구를 도우면 나중에 친구도 나를 돕는다.

머리에 쏘옥

남을 도우면 좋은 점

사람들은 남을 도울 때 자기를 희생한다고 생각합니다. 하지만 남을 도우면 기분이 좋아집니다. 또 자신이 누군가에게 필요한 사람이라는 생각이 들어 뿌듯함을 느낄 수 있습니다.

어려움에 빠진 사람을 도우면 나중에 그 사람이 나를 도울 수 있습니다. 그리고 도움을 받은 사람이 다른 사람을 돕게 되지요. 이렇게 되면 사회 전체가 도움을 주고받아 행복이 넘칩니다.

▲내가 다른 사람을 도우면 스스로를 돕는 것과 같다.

생각이 쑥쑥

3 열매들이 여행을 준비하며 나눈 대화를 볼 때, 내가 어른이 되면 해야 할 일을 찾아보세요.

▲엄마 은행나무처럼 어른은 결혼해서 자식을 낳아 대를 잇는다.

4 어머니 나무의 입장에서, 각자 독립해 떠나는 열매들에게 부탁하는 말을 해 보세요.

▲열매들은 어머니 나무처럼 성장해서 열매를 맺어야 한다.

머리에 쏙쏙

어른이 되는 길

열매들은 여행을 준비하면서, 떨어질 때 어지럽지 않을까 걱정하는 아이를 안심시킵니다. 어른이 되면 이처럼 누군가에게 용기를 내도록 힘을 주는 말을 해야 할 때도 있습니다.

아이들은 자기 발에 맞지 않는 구두를 서로 바꿔 신거나 빵을 나눕니다. 외투를 잃어버린 아이에게는 자기 외투를 빌려주겠다고 하지요. 어른이 되면 어려움이 생겼을 때 다른 사람과 도움을 주고받을 수 있어야 합니다. 대가를 바라지 않고 나보다 어려운 사람을 도와야 할 때도 있습니다.

결혼해서 자식도 낳고, 다른 사람의 결혼식에 축하하러 손님으로 가기도 합니다. 공주와 결혼하는 것처럼 지금보다 행복한 삶을 살기 위해 위험을 무릅써야 할 때도 있습니다.

▲열매들은 대화를 통해 서로 어려운 점을 도왔다.

5 32쪽의 밑줄 친 부분에서, 항상 엄마랑 함께 살고 싶다는 아이에게 바람이 날마다 그러면 안 된다고 말한 까닭을 사람에 빗대어 이야기해 보세요.

▲어른이 되어서도 부모에게 도움을 받으며 살면 발전할 수 없다.

엄마 품을 떠나서 살아야 하는 이유

은행나무 열매는 겨울에 북풍이 불면 엄마 품을 떠나 여행을 시작합니다. 그리고 어딘가에 자리를 잡은 뒤 봄이 되면 각자 싹을 틔우고 어린 은행나무로 자라지요. 어린 은행나무는 다시 엄마 은행나무가 되어 열매를 맺은 뒤, 아이들을 떠나보냅니다.

사람의 삶도 은행나무와 같습니다. 어릴 적에는 부모님의 보살핌을 받으며 자라지요. 그러다 어른이 되면 직업을 갖거나 결혼하면서 부모님을 떠나 삽니다. 그리고 부모님처럼 자식을 낳고 자신보다 더 나은 삶을 살도록 사랑을 베풀며 보살핍니다. 그러면서 세상이 발전하게 되는 것이죠.

▲어른이 되어 결혼하고 자식을 낳으면, 부모님처럼 사랑을 베풀며 살아야 한다.

생각이 쑥쑥

6 내가 부모님께 도움을 받지 않고 자기를 책임질 수 있는 어른이 되려면, 지금부터 고치거나 준비해야 할 일을 세 가지만 생각해 보세요(200~250자).

> 우리나라에서 30~40세의 절반은 부모의 도움을 받으며 산다. 이러한 사람들을 캥거루족이라고 한다. 보통 이 나이가 되면 대학교를 졸업하고 직업을 가져야 한다. 캥거루족은 부모와 함께 살면서 생활비를 받는다고 한다. 그리고 중요한 결정을 할 때도 스스로 하지 못하고 부모가 결정해 준다.
>
> <신문 기사 참조>

▲어려서부터 부모에게 기대면 어른이 되어서도 독립하기 어렵다.

> 사회 문화

가족의 모습은 달라도 행복하게 살 수 있어

『이웃집에는 어떤 가족이 살까?』

유다정 지음, 위즈덤하우스, 48쪽

> 줄거리

길고양이 미오는 가족을 찾기로 결심하고, 동네의 여러 집을 차례로 돌아본다. 부모가 맞벌이를 해서 무척 바빠 보이는 현지네 가족, 엄마가 두 번 결혼해 새아빠와 형이 생긴 재민이네 가족, 다문화 가정인 소정이네 가족, 부모님이 일찍 세상을 떠나 할머니와 둘이 사는 수미네 가족을 곁에서 지켜본다. 미오는 저마다 다양한 형태로 사는 가족의 모습을 살펴보다가 드디어 함께 살고 싶은 가족을 찾는다.

본문 맛보기

길고양이 미오가 가족을 만들러 나서다

미오는 혼자서도 즐겁게 사는 길고양이입니다. 그런데 친구들이 짝을 찾거나 사람들과 가족이 되면서 하나둘 떠나자 외로워졌어요. 미오도 사랑을 나눌 수 있는 가족을 찾아 나섰어요. 현지는 부모님이 모두 회사에 다녀서 바빠요. 현지는 저녁마다 엄마가 퇴근할 때까지 혼자 있는 게 싫어요. 엄마 아빠가 모두 오시면 저녁밥을 맛있게 먹고, 엄마와 함께 공원에 가서 줄넘기를 해요. 설거지는 아빠가 합니다. 재민이는 엄마가 두 번 결혼해서 새아빠와 형이 생겼어요. 재민이는 처음에는 어색했지만 심심할 때 놀아 주고, 숙제를 도와주는 형이 점점 좋아져요. 형이 즐겨 듣는 시끄러운 음악도 자주 들으니 들을 만해졌어요. 엄마가 무거운 박스를 들려고 하자, 아빠가 벌떡 일어나 엄마를 도와요. 재민이는 엄마를 돕는 아빠가 보기 좋아요. (2~5, 7~9, 11~14쪽)

▲현지 아빠가 저녁 식사를 마친 뒤 설거지를 하고 있다.

본문 맛보기

소정이네는 다문화 가정, 수미는 할머니와 살아

소정이네는 다문화 가정입니다. 아빠는 한국, 엄마는 필리핀 사람이에요. 엄마의 생일에 할머니가 오셔서 선물을 드렸는데, 엄마는 선물을 풀어 볼 생각을 안 해요. 소정이가 엄마에게 풀어 보라고 재촉했어요. 아빠는 필리핀에서는 선물을 그 자리에서 풀어 보면 실례라고 말해요. 소정이는 궁금했지만 기다렸어요. 수미는 부모님이 갑자기 돌아가시는 바람에 할머니랑 둘이 살아요. 부모님이 보고 싶지만, 할머니가 계셔서 괜찮아요. 수미는 학교에서 돌아오면 할머니랑 이야기하는 게 참 좋아요. 할머니는 수미의 이야기를 들으시면 무조건 잘했다고 거칠어진 손으로 머리를 쓰다듬어 줘요. 할머니가 아프지 말고 오래오래 함께 살았으면 좋겠어요. 미오는 저마다 다른 모습으로 사는 가족을 보며, 함께 살고 싶은 가족을 정해요. (19~21, 31~33, 37~39쪽)

▲수미가 할머니와 함께 만들기 숙제를 하고 있다.

이런 뜻이에요

필리핀 태평양에 있는 루손섬 등 7000여 개의 섬으로 이뤄진 나라. 필리핀어와 영어를 쓰고, 주로 농사를 짓고 산다.

생각이 쑤욱

1 길고양이 미오는 왜 가족을 찾아 나섰나요?

▲길고양이 미오가 가족을 찾아 나섰다.

2 재민이처럼 부모님이 다시 결혼해서 새로운 가족이 생기면 어떤 문제가 일어날지 생각해 보세요. 그리고 어떻게 하면 가족끼리 사이좋게 지낼 수 있을지 말해 보세요.

생길 수 있는 문제점	사이좋게 지낼 수 있는 방법

머리에 쏘옥

가족의 모습은 저마다 달라

가족의 모습은 점점 더 다양해지고 있습니다. 재민이네처럼 부모님이 재혼해서 새로 이뤄진 가족도 있고, 수미처럼 부모님이 돌아가셔서 할머니나 할아버지와 함께 사는 가족도 있지요. 부모님이 자녀를 낳지 않았어도 입양해서 가족을 이룰 수 있습니다.

가족의 모습은 이처럼 다르지만 서로를 존중하고 사랑하며, 어려운 일이 있을 때는 돕고 살면 행복해집니다.

자기 힘으로 할 수 있는 일은 다른 사람에게 미루지 말고 스스로 합니다. 의견이 서로 다르면 대화를 통해 조금씩 양보해서 해결하면 됩니다.

> 생각이 쑥쑥

3 소정이가 방학을 맞아 엄마의 나라인 필리핀에 갔어요. 우리나라의 문화를 두 가지만 소개하고, 알고 싶은 필리핀 문화를 두 가지만 말해 보세요.

알리고 싶은 한국 문화	알고 싶은 필리핀 문화

4 수미는 할머니가 아프지 않고 오래 살면 좋겠대요. 수미가 할머니를 위해 할 수 있는 일을 아는 대로 이야기해 보세요.

▲수미는 밤마다 할머니의 어깨를 주물러 드린다.

머리에 쏘옥

다문화 가정이 늘어나는 까닭

▲부모님의 나라가 서로 다른 다문화 가정이 늘고 있다.

다문화 가정은 서로 다른 국적을 가진 사람들이 만나서 이뤄진 가족입니다. 옛날과 다르게 교통이 발달해서 비행기를 타면 세계 어디든지 갈 수 있기 때문에 다문화 가정이 늘어나고 있어요.

외국에 가서 공부를 하다가 그곳에 사는 사람과 결혼하거나, 우리나라에 온 외국인과 결혼할 수도 있지요.

태어난 나라가 서로 다른 사람들이 만나서 살다 보면 오해가 생길 수 있어요. 그럴 땐 서로 궁금한 점을 묻고 설명하면서 오해를 풀어야 합니다.

생각이 쑤욱

5 41쪽의 밑줄 친 부분에서, 미오는 어떤 가족을 선택했을 것 같으며, 그 이유는 무엇인가요?

▲행복한 가정은 가족들끼리 서로를 아끼고 배려한다.

6 내가 어른이 되면 어떤 가정을 가지고 싶은가요? 행복하게 사는 모습을 떠올려 그림으로도 표현해 보세요.

머리에 쏘옥

행복한 가정을 만드는 방법

가족이 모두 행복하려면 집안일을 서로 돕고, 대화를 자주 나눠야 합니다.

옛날에는 주로 남자가 바깥일을 하고, 여자는 집안일을 했지요. 그러나 요즘에는 남자와 여자의 일을 구분하지 않습니다. 특히 맞벌이 가정이 점점 늘면서 자연스럽게 가족들이 집안일을 나눠서 하지요.

식사 시간에는 TV를 보거나 스마트폰을 들여다보지 말고, 이야기를 나누는 것이 좋습니다. 하루 동안 있었던 일을 이야기하거나 어려운 일을 말해도 됩니다. 무엇보다 서로를 칭찬하고 응원하며 힘이 되는 말을 나누어야 합니다.

▲가족끼리 함께 이야기를 나누며 식사하면 행복해진다.

7 아래 글을 읽고, 동수네가 행복해지려면 가족들이 각자 어떻게 하면 좋을지 가르쳐 주세요(200~250자).

동수와 여동생 은희는 부모님이 맞벌이를 하셔서 힘들다고 늘 불평을 합니다. 동수는 아침마다 출근 준비에 바쁜 부모님에게 준비물을 찾아 달라고 아우성이고, 은희는 저녁마다 엄마에게 식사 준비가 늦는다며 투덜대지요. 부모님은 최선을 다해 동수와 은희를 돌보지만, 날이 갈수록 지칩니다.

▲동수와 은희 남매는 부모님이 맞벌이를 하시는 바람에 힘들다며 불평한다.

사회 문화

착한 말만 하지 말고 나쁜 말도 지혜롭게 써야

『말들이 사는 나라』

윤여림 지음, 위즈덤하우스 펴냄, 92쪽

줄거리

  '말들이 사는 나라'에는 착한말들과 나쁜말들이 함께 삽니다. 착한말들은 나쁜말 삼총사가 하루 종일 나쁜 말만 하는데도, 싫다는 말을 못하고 피해 다닙니다. 나쁜말 삼총사는 기분이 나빠서 말들이 사는 나라를 떠납니다. 그런데 이번에는 구름대왕이 나타나 착한말들에게 일을 시키면서 괴롭힙니다. 그래도 착한말들은 싫다는 말을 하지 못한 채, 시키는 대로 일만 하면서 지쳐 갑니다. 이때 나쁜말 삼총사가 나타나 착한말들을 구해 줍니다. 그 뒤 착한말들은 나쁜 말을 쓰는 법을 배우고, 나쁜말들은 착한 말을 쓰는 법을 배워서 함께 어울려 삽니다.

본문 맛보기

나쁜말들에게 괴롭힘 당해도 저항하지 못해

말들이 사는 나라에는 여러 말이 함께 삽니다. 언제나 '사랑해'를 외치는 사랑말, 모든 걸 감사하다고 말하는 감사말, 늘 신이 나는 신난말, 날마다 친구를 칭찬하는 칭찬말…. 그런데 말들이 사는 나라에 착한말만 사는 건 아니었어요. 하루 종일 투덜대는 투덜말, 온갖 일에 심술을 부리는 심술말, 입만 열면 화를 내는 화난말도 살아요. 이

▲말들이 사는 나라에는 착한말과 나쁜말이 함께 사는데, 나쁜말이 착한말을 괴롭힌다.

들이 바로 나쁜말 삼총사랍니다. 착한말들은 나쁜말 삼총사 때문에 너무 힘들었어요. 착한 말밖에 할 줄 모르는 착한말들은 아무 말도 못하고 나쁜말 삼총사를 피해만 다닙니다. 나쁜말 삼총사는 기분이 나빠져서 말들이 사는 나라를 떠나 버립니다. 착한말들끼리 평온하게 지내던 어느 날, 하늘에서 구름요정이 내려옵니다. 그리고 맛있는 케이크 등 말들이 원하는 걸 척척 내주지요. (4~35쪽)

본문 맛보기

착한말과 나쁜말들이 함께 어울려 살게 돼

착한말들이 고마운 구름요정에게 필요한 걸 물었더니, 말똥가루를 달라고 했어요. 구름요정은 착한말들이 가져다준 말똥가루를 금가루로 만들어 꿀꺽 먹어 치웁니다. 그리고 점점 몸집이 커지면서 더 많은 말똥가루를 요구합니다. 구름대왕은 이제 자

▲착한말과 나쁜말들은 힘을 합쳐 구름대왕을 쫓아내고 함께 어울려 산다.

기를 구름대왕으로 부르라면서 말똥가루 공장을 만들고 착한말들에게 계속 일만 시킵니다. 착한말들은 쉬지도 못하고 말똥가루를 만들다가 지쳐 갑니다. 그래도 착한말들은 싫다는 말을 하지 못합니다. 이때 나쁜말 삼총사가 돌아옵니다. 구름대왕은 삼총사에게도 일을 시키지만, 너나 만들라며 소리치지요. 구름대왕은 놀라서 크기가 작아져 구름요정으로 돌아갑니다. 이번에는 착한말까지 힘을 합쳐 구름요정을 날려 보내지요. 그 뒤 착한말들은 나쁜 말을 배우고, 나쁜말들은 착한 말을 배워 어울려 지냅니다. (36~85쪽)

생각이 쑥쑥

1 '가는 말이 고와야 오는 말이 곱다'는 말을 어떤 때 쓸 수 있는지 생각해 보세요.

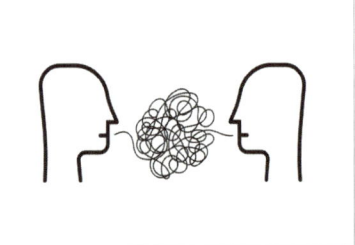

▲친구에게 나쁜 말을 하면 친구도 화가 나서 나에게 나쁜 말을 한다.

2 책에 나온 말 외에, 착한 말과 나쁜 말의 예를 세 가지씩 더 들어 보세요.

착한 말	나쁜 말
모든 걸 감사하다고 말하는 감사말	하루 종일 투덜대는 투덜말

머리에 쏙쏙

가는 말이 고와야 오는 말이 곱다

'가는 말이 고와야 오는 말이 곱다'는 말은, 다른 사람에게 말한 대로 자신도 똑같이 대접을 받는다는 말입니다. 남을 함부로 대하고 존중할 줄 모르면, 그 사람도 나를 함부로 대하고 깔보게 되지요.

그러니 다른 사람에게 존중을 받고 싶으면 그 사람을 먼저 존중해야 합니다. 그럼 그 사람도 나에게 좋은 느낌이 생겨서 나를 존중하게 됩니다.

서로가 상대방을 좋게 대할수록 다툼도 없고 마음을 상하는 일이 줄어서 살기가 좋아집니다.

▲서로가 존중하는 말을 하면 양쪽 모두 기분이 좋아진다.

| 생각이 쑤욱 |

3 48쪽 밑줄 친 글에서, 착한말들처럼 나쁜말들을 자꾸 피해만 다니면 어떻게 될지 예를 들어 말해 보세요.

▲상대방이 괴롭히는데도 피해만 다니면 나중에는 노예처럼 살게 된다.

4 착한말들은 왜 나쁜 말을 배우고, 나쁜말들은 왜 착한 말을 배웠을까요?

▲생활하다 보면 다른 사람의 도움을 받을 일도 있고, 피해를 당할 수도 있다.

머리에 쏘옥

좋은 말만 쓰지 말고 나쁜 말도 쓸 수 있어야

평소에 이유 없이 투덜대거나 화를 내는 말을 쓰면 상대방의 기분이 나빠집니다. 사이도 나빠지지요.

하지만 구름대왕처럼 강제로 일을 시킬 때는, 거절하거나 화를 내는 나쁜 말을 써야 합니다. 나쁜 일을 시킬 때도 마찬가지입니다. 그래야 상대방이 나쁜 말을 하지 못하게 만들고, 자기를 지킬 수 있답니다.

나쁜 말을 하는 사람을 그대로 두면 구름대왕이 되어 버립니다. 그러니 무조건 참지 말고 상황에 맞게 착한 말과 나쁜 말을 가려서 써야 합니다. 그러면 지혜로운 사람으로 자랍니다.

▲상대가 잘못하면 반드시 나쁜 말을 해서 고치도록 해야 구름대왕이 생기지 않는다.

> 생각이 쑤욱

5 아래 왼쪽처럼 주어진 상황에서, 친구가 기분 나쁘지 않게 거절하는 말을 해 보세요.

 ▲시험을 보는데, 친구가 답을 보여 달라고 한다.	예)보여 주고 싶지만 그럴 수 없어 미안해. 열심히 공부한 다른 친구들에게 피해를 주게 되잖아.
 ▲친구들이 이유 없이 나를 괴롭힌다.	
 ▲숙제를 하는데, 친구가 게임을 하자고 한다.	
 ▲친구가 편의점에서 함께 과자를 훔치자고 한다.	

> 머리에 쏘옥

착한 말과 나쁜 말을 모두 배워야 하는 까닭

착한말들은 착한 말밖에 할 줄 몰라 나쁜말들이 괴롭혀도 싫다는 말을 하지 못했습니다. 그래서 피하고 숨기만 했지요. 그리고 구름요정에게도 점점 어려운 요구를 받지만 거절하지 못합니다. 이런 때 나쁜 말을 알면 거절해야 하는 상황에서 자기 생각을 말할 수 있습니다. 그래서 나쁜 말도 배워야 하는 것이죠.

나쁜말들은 나쁜 말만 해서 다른 말들의 기분을 상하게 합니다. 그래서 친구를 사귀지 못하고, 함께 놀지도 못하지요. 자기들끼리 놀아도 서로 화가 나게 하고, 마음이 상했을 것입니다. 따라서 착한 말도 배워야 친구들과 잘 지낼 수 있답니다.

▲학교나 사회 생활을 하려면 착한 말과 나쁜 말을 모두 알아야 한다.

생각이 쑥쑥

6 교실에서 힘센 행복이가 힘이 약한 친구들을 괴롭히는데, 그대로 놔두면 어떻게 될지 생각해 보고, 행복이가 자기 잘못을 깨닫게 나쁜 말을 해 주세요(200~250자).

경기도교육청에서 만든 학교 폭력 예방 뮤지컬에서는 학생들이 직접 무대에 올라가 '방관자'(지켜만 보는 사람)가 되어 보게 한다. 다른 친구가 괴롭힘을 당하는데도 모른 체하고 지켜만 보는 사람도 잘못임을 깨닫게 하기 위해서다. 친구가 괴롭힘을 당하는데도 그냥 지나치면 언젠가는 자기도 괴롭힘을 당하게 된다.

<신문 기사 참조>

▲친구가 괴롭힘을 당하면 화를 내면서 그러지 말라고 해야 한다.

사회 문화

나라마다 다른 문화 서로 존중해야

『**다름** 다르지만 같은 우리』

박규빈 지음, 다림 펴냄, 64쪽

줄거리

우리나라는 인사할 때 고개를 숙이는데, 케냐의 마사이족은 서로의 얼굴에 침을 뱉는 게 반갑다는 표현입니다. 우리는 손으로 음식을 먹으면 혼이 나지만, 인도에서는 손으로 먹습니다. 이처럼 우리나라에서는 좋게 보는 예절이 외국에서는 나쁘게 보기도 하고, 우리나라에서는 나쁘게 보이는 예절이 외국에서는 좋게 받아들여지기도 합니다. 우리 것은 옳고, 외국의 것은 나쁘다고 생각하지 말고 그대로 존중해야 합니다.

본문 맛보기

인도에선 오른손으로 음식을 먹는 것이 식사 예절

▲인도에서는 숟가락 대신 오른손으로 음식을 먹는 것이 식사 예절이다.

다른 나라로 떠나고 싶다고? 그럼 떠나기 전에 내 이야기를 들어 볼래? 이건 다름에 대한 이야기야. 네가 숟가락 대신 오른손으로 밥을 먹으면 혼나겠지. 인도에서는 오른손으로 밥을 먹어도 문제가 없을 거야. 대신 왼손으로 먹는다면 사람들이 너를 말리겠지. 인도 사람들은 왼손이 천한 일을 하는 데 쓴다고 해서 화장실에서 볼일을 보고 휴지 대신 왼손을 이용해 뒤처리를 하거든. 네가 침을 뱉으며 다른 사람에게 인사하면 불쾌해 하겠지. 그런데 케냐의 마사이족과 인사할 땐 침을 뱉어도 괜찮아. 대신 그들도 웃으며 네 얼굴에 침을 뱉을 거야. 예전부터 마사이족에게는 물이 부족했어. 이 때문에 몸에 있는 수분조차도 귀하게 여겼지. 그래서 침을 뱉는 행동이 귀한 것을 나눈다는 뜻이 되었어. (6~8, 15~17, 23~25, 58쪽)

▲마사이족은 반갑게 인사할 때 상대의 얼굴에 침을 뱉는다.

이런 뜻이에요

인도 아시아 남부의 인도반도 대부분을 차지하는 세계에서 일곱 번째로 큰 나라. 인구는 14억 명이다.
케냐 아프리카 동부에서 적도 바로 아래에 있는 나라. 땅의 대부분이 높이 500미터를 넘는다. 금이나 철 등 지하 자원이 많으며, 야생 동물 보호에 힘쓴다.

본문 맛보기

예절 달라도 상대를 존중하는 마음은 같아

▲이란에서는 엄지를 들어 칭찬하면 상대에게 욕을 하는 행동으로 받아들인다.

엄마가 너에게 엄지를 들어서 '최고'라고 칭찬하면 기분이 좋을 거야. 그러나 엄마랑 이란에 갔을 때는 아무리 멋진 친구를 만나도 엄지를 들지 말라고 이야기해 드려. 이란에서는 심한 욕이거든. 가족과 밥을 먹을 때 엄마가 맛있는 반찬을 젓가락으로 집어 주시기도 하지. 일본 친구와 밥을 먹을 땐 반찬을 젓가락으로 집어 주면 실례가 된대. 일본에서는 시체를 화장하고 남은 뼛조각을 유족들에게 젓가락으로 받아 옮기지. 그래서 젓가락으로 음식을 주고받는 걸 매우 안 좋게 여긴다고 해. 멕시코에서 만난 할머니에게 노란 꽃을 선물하면 버럭 화를 낼 거야. 멕시코에서는 노란색 꽃이 죽음을 의미하거든. 지금 너의 시간은 오후 3시 30분이지만 인도는 12시, 케냐는 오전 9시 30분, 이란은 오전 11시야. 다르지만 모두 틀림없는 지금 이 순간이야. (36~37, 39~45, 52~57, 59쪽)

▲일본에서는 시체를 화장하고 남은 뼛조각을 젓가락으로 옮겨 유골함에 넣는다.

이런 뜻이에요

이란 아시아 서남부에 있으며, 이슬람교를 믿는 국가. 석유가 많이 난다.

생각이 쏘옥

1 우리나라와 인도의 식사 예절은 어떻게 다른가요?

머리에 쏘옥

인도의 식사 예절

▲인도에서는 왼손으로 악수 하면 예의에 어긋난다.

　인도인이 먹는 고기 가운데 가장 많이 먹는 음식은 닭고기와 양고기입니다. 돼지고기는 병을 옮긴다고 생각해 먹지 않고, 소를 신처럼 받들기 때문에 쇠고기도 먹지 않습니다.

　식사를 할 때에는 반드시 오른손만 사용합니다. 왼손은 더럽다고 생각하기 때문이지요. 또 침이 음식을 오염시킨다고 생각해서, 음식을 먹을 때는 꼭 자기 그릇에 덜어서 먹습니다.

2 케냐의 마사이족은 인사할 때 상대의 얼굴에 침을 뱉는데, 그 까닭을 마사이족이 사는 지역의 기후와 관련지어 말해 보세요.

▲마사이족이 사는 아프리카의 케냐는 날씨가 매우 덥고 습기가 없다.

생각이 쑥쑥

3 일본에서 친구와 밥을 먹다가 맛있는 음식을 먹으라고 권할 때 어떻게 해야 할까요?

▲일본에서는 다른 사람에게 음식을 젓가락으로 집어 주면 실례가 된다.

4 56쪽의 밑줄 친 부분에서, 여행하려는 나라의 문화를 알지 못하고 가면 어떤 일이 벌어질지 한 나라를 정한 뒤 '보기'에 맞춰 쓰세요.

보기	
여행지	이란으로 여행을 갔다.
예절을 몰라 벌어진 일	배가 고파 식당에 들어가 음식을 먹었다. 음식이 맛있어서 식당 주인에게 최고라는 뜻으로 엄지손가락을 치켜세우며 웃었다. 그러자 식당 주인은 얼굴을 붉히며 화를 냈다.
배운 점	이란에서는 손가락을 치켜세우면 심한 욕이라고 한다. 다음부터는 손가락을 치켜세우는 행동을 하지 말아야겠다.

나의 예	
여행지	
예절을 몰라 벌어진 일	
배운 점	

머리에 쏙쏙

국가마다 서로 다른 문화

문화란 국민이나 민족 등 집단을 이뤄서 사는 사람들이 입고 먹고 생활하는 방식, 말이나 예절, 종교 등을 모두 가리킵니다. 한마디로 구성원들이 배우거나 전달을 받은 모든 것을 말합니다.

그래서 국가마다 다르지요. 예를 들어 우리나라에서는 친구와 마음이 통했을 때 손바닥을 내밀면 친구가 하이파이브를 해 줄 것입니다. 그런데 그리스 친구에게 손바닥을 내밀면 당황할 것입니다. 그리스에서는 '나는 당신에게 화가 났다'라는 뜻이기 때문이죠.

우리나라에서는 식사를 하다가 트림을 하면 실례입니다. 사우디아라비아에서는 밥을 먹고 트림을 해야 요리를 한 사람이 좋아합니다. 트림을 하는 것이 대접한 이와 음식에 대한 감사를 표시하는 예절이기 때문입니다.

59

생각이 쑥쑥

5 이슬람교를 믿는 사람에게 삼겹살이 맛있다며 함께 먹자고 강요하면 안 되는 까닭을 말해 보세요.

▲이슬람교를 믿는 사람들에게 돼지고기 맛을 한 번 보면 생각이 달라질 거라며 먹어 보자고 하면 안 된다.

머리에 쏘옥

돼지고기를 먹지 않는 이슬람 사람들 존중해야

　이슬람교를 믿는 사람들은 돼지고기를 먹지 않습니다. 이슬람교의 가르침이 담긴 코란에 돼지고기를 먹지 말라고 적혀 있기 때문이죠.

　이슬람 국가가 모여 있는 곳은 대개 덥고 습기가 적은 사막 지역이어서 물과 식량이 부족합니다. 그러니 사람과 같은 음식을 먹는 돼지를 키우면 식량이 모자라지요.

　문화는 이처럼 그 나라의 기후에도 영향을 받는답니다. 다른 나라의 문화를 자기 나라에 맞춰 생각하면 안 되는 까닭입니다. 따라서 나라마다 문화가 달라도 서로 존중해야 합니다.

6 프랑스가 왜 선진국이 되었을지 아래 글을 읽고 대답해 보세요.

　프랑스는 오래전부터 나와 다른 사람의 다름을 인정했다. 종교나 피부색, 생각, 예절이 달라도 너그러운 마음으로 그 다름을 받아들였다. 나의 생각이나 종교가 소중한 만큼 다른 사람의 것도 똑같이 소중하므로 그것을 존중한 것이다. 그러다 보니 여러 가지 꽃이 어울려 더욱 아름다워지듯 국가도 발전했다.

생각이 쑤욱

7 책의 내용과 아래의 글을 참고해, 다문화 가정의 친구들과 사이좋게 지내야 나와 우리나라가 발전하는 까닭을 설명하고, 외국의 문화를 배울 수 있는 방법을 말해 보세요(200~250자).

충남 서산의 차동초등학교 도서관에는 한글과 중국어, 일본어, 베트남어, 몽골어, 필리핀어 등 세계 여러 나라의 글자로 쓰인 책이 5000권이 넘는다. 책을 읽으며 세계 여러 나라의 문화를 배우고, 나라별로 전통 옷을 입은 채 수업도 한다. 예를 들어 멕시코의 민요 '라쿠카라차'를 배우고, 전통 음식인 '토르티아'를 만들어 먹으며 멕시코의 문화를 공부한다.

▲학생들이 세계 여러 나라의 전통 옷을 입고, 나라별 대표 건축물을 만들었다.

<신문 기사 참조>

※ **라쿠카라차** 멕시코의 동요. 4분의 3박자의 흥겨운 노래다.
※ **토르티아** 옥수숫가루나 밀가루를 반죽하여 팬에 구워 만든 멕시코 빵. 닭고기나 채소 등 다양한 속 재료를 넣어 먹을 수 있다.

국내문학

반려동물 기르려면 끝까지 책임져야

『강아지 시험』

이묘신 지음, 강은옥 그림, 해와나무 펴냄, 80쪽

줄거리

　선후는 미나의 할아버지가 강아지를 준다며 키워 보라고 해서 신이 났습니다. 그런데 미나는 선후에게 반려동물 키우기를 반대하는 엄마에게 허락을 받고 시험에도 통과해야 된다고 했어요. 선후는 스케치북에 '강아지가 생기면 할 일'을 써서 엄마의 허락을 받았어요. 시험에 통과하기 위해 강아지를 키우는 방법도 열심히 공부했지요. 하지만 세 번째 시험 문제에서 실패하고 말았어요. 선후가 강아지를 대하는 태도가 달라지자, 미나는 선후에게 다시 시험을 볼 기회를 주었어요. 선후는 이제 강아지를 귀중한 생명으로 대할 수 있는 마음을 갖췄어요. 그리고 강아지를 끝까지 책임지겠다는 약속을 하고 시험을 모두 통과했어요.

본문 맛보기

엄마 허락 받고 시험 통과해야 강아지 준다고 해

선후는 복돌이가 낳은 강아지를 데려다 키워 보라는 미나 할아버지의 말에 신이 났어요. 그런데 미나는 선후에게 엄마의 허락도 받고, 시험에도 통과해야 한다고 말했죠. 그 말에 선후는 "너네 강아지가 비싼 거냐?"라고 물었어요. 할아버지는 생명의

▲선후는 강아지를 가져다 키워 보라는 미나의 할아버지 말에 신이 났다.

값을 돈으로 매길 수는 없다고 하셨어요. 선후는 반대하는 엄마를 설득하려고 스케치북에 '강아지가 생기면 할 일'을 써서 보여 주고 허락을 받았어요. 선후는 미나가 낼 시험에 대비해 책도 빌리고, 강아지를 키우는 재욱이의 도움도 받았어요. 선후는 개에게 초콜릿 등 사람이 먹는 음식을 주면 안 되고, 코가 촉촉해야 건강하다는 사실을 알았죠. 앞발을 들면 같이 놀자는 뜻이고, 귀를 뒤로 젖히면 예뻐해 달라는 표현이라는 것도 배웠어요. 1차는 강아지에게 먹이면 안 되는 음식, 2차는 코를 살펴 건강을 아는 문제여서 합격했죠. (8~48쪽)

본문 맛보기

끝까지 책임지겠다고 약속하고 키울 자격 얻어

강아지가 새집에서 혼자 잘 때 낑낑거리면 어떻게 할 거냐는 3차 문제는 실패했어요. 강아지가 살던 곳의 물건이나 어미의 심장 소리를 느낄 수 있게 탁상시계를 넣으면 되는 거였어요. 선후가 기운이 빠져 운동장에 서 있는데 재욱이가 왔고, 한 아줌마가 강아지를 데리고 나타났어요. 재욱이가 귀엽다며 만지려 하자 강아지가 이빨을 드러냈어요. 선후는 미나에게 들은 대로 강아지를 만지려면 냄새부터 맡게 해야 한다

▲선후는 강아지를 죽을 때까지 돌보겠다고 약속한 뒤 강아지를 데려다 키울 자격을 얻었다.

고 말했어요. 그러면서 신발을 신기고 옷을 입히는 일 등이 강아지에게는 불편하다고 알려 줬죠. 이때 미나가 다가와 선후에게 강아지를 키울 자격이 있다며 기회를 다시 주었죠. 4차는 미나네 집에서 강아지를 돌보는 실습이었어요. 선후는 강아지 똥을 치우고 청소하는 일이 쉽지 않았어요. 마지막에는 강아지를 위해 할 약속을 적는 거였죠. 선후는 죽을 때까지 책임지겠다고 약속했어요. (49~78쪽)

생각이 쑥쑥

1 미나가 왜 선후에게 자기가 내는 시험에 통과해야 강아지를 키우게 해 주겠다고 말했을지 이야기해 보세요.

머리에 쏘옥

생명을 돈으로 살 수 있을까

▲반려동물을 책임감 없이 키울 경우, 귀찮아지면 버릴 수도 있다.

펫 숍에 가면 강아지나 고양이 등 반려동물을 볼 수 있습니다. 마음에 드는 반려동물을 돈을 주고 사서 키울 수 있지요.

그런데 돈을 주고 샀다고 물건 취급을 하면 안 됩니다. 생명체는 필요할 때만 사용하고 버릴 수 있는 물건과는 다릅니다. 생명을 가진 존재는 그 자체로 귀중합니다. 싫증이 나고, 병이 들어서 돈이 많이 든다고 물건처럼 버리면 안 되지요.

따라서 반려동물을 키우고 싶다면 먼저 자기와 함께 사는 가족이 반대하지는 않는지, 어떤 일이 있어도 끝까지 책임질 수 있는지 따져 봐야 합니다.

2 64쪽에서 '돈으로 생명의 값을 매길 수 없다'는 할아버지의 말뜻이 무엇인지 생각해 보세요.

▲반려동물도 생명체이므로 돈으로 살 수 있는 물건처럼 생각하면 안 된다.

> 생각이 쑥욱

3 내가 선후라면 엄마의 허락을 받기 위해 '강아지가 생기면 할 일'에 무엇을 적었을지 다섯 가지만 말해 보세요.

▲강아지를 키우면 집안 청소를 더 자주 해야 한다.

4 미나는 왜 선후에게 시험 볼 기회를 다시 주었나요?

▲선후는 강아지의 털을 염색하는 일이 강아지가 원해서 하는 게 아니라는 사실을 깨달았다.

머리에 쏘옥

강아지를 키우려면 할 일

강아지를 키우려면 생각보다 많은 노력과 돈이 필요합니다. 똥과 오줌을 치워야 하고, 털이 빠져서 청소도 자주 해야 합니다. 밥과 물도 빼먹지 말고 챙겨 줘야 하지요. 사료 값도 많이 들어갑니다.

건강 유지를 위해 산책도 시켜야 하며, 아프면 돌봐주고 병원에도 데려가야 합니다. 예방 주사도 맞힙니다. 털도 깎아 줍니다.

생명을 키우는 일은 이처럼 쉽지 않습니다. 따라서 강아지를 좋아하는 마음만 가지고 사서 키우면 나중에 버릴 가능성이 큽니다.

▲강아지를 기르려면 밥을 거르지 말고 챙겨 주어야 한다.

> 생각이 쑤욱

5 책에 나온 것 외에 '강아지를 위해 할 약속'을 두세 가지만 더 말해 보세요.

☞ 강아지를 혼자 두고 외출하지 않는다거나 때리지 않는다는 등의 약속을 들 수 있습니다.

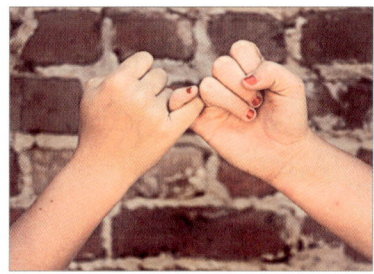

▲선후는 강아지를 끝까지 책임지겠다고 약속했다.

> 머리에 쏘옥

반려동물을 위해 할 약속

반려동물은 보살핌이 많이 필요합니다. 그래서 반려동물을 키우려면 그 동물의 성질과 먹으면 안 되는 음식, 건강 상태를 확인하는 방법까지 미리 알아 둘 일이 많습니다. 그래야 생각하지 못한 사고나 문제가 일어났을 때 당황하지 않고 해결할 수 있지요.

반려동물의 입장이 되어 어떠한 것을 좋아하고 싫어하는지도 알아 두면 반려동물을 행복하게 만들어 줄 수 있지요. 반려동물이 행복한 모습을 보면 주인도 행복해집니다.

▲새끼 고양이는 체온을 잘 유지하지 못하므로 따뜻하게 해 주어야 한다.

생각이 쑤욱

6 사람들이 반려동물을 버리는 이유를 생각해 보고, 버려지는 반려동물을 줄일 수 있는 나만의 아이디어를 내 보세요(200~250자).

우리나라에서 반려동물을 키우는 사람이 1500만 명을 넘어섰다. 그런데 주인을 잃거나 버려지는 반려동물이 1년에 13만 마리를 넘는다. 반려동물이 어릴 때는 예뻐하다가 크면 키우기 힘들고, 병이 들면 돈이 많이 든다고 내다 버리는 등 여러 가지 이유 때문이다.

<신문 기사 참조>

▲주인을 잃거나 버려진 동물은 보호소에서 보호하다가 10일이 지나면 안락사를 시킨다.

국내문학

욕심과 미워하는 마음이 만든 괴물

『황금 사과』

송희진 지음, 뜨인돌어린이 펴냄, 32쪽

줄거리

작은 도시 한가운데서 마법의 황금 사과나무가 발견되면서, 마을 사람들이 황금 사과를 더 차지하려고 다툽니다. 윗동네와 아랫동네는 땅에 금을 긋고 황금 사과를 절반씩 나누기로 합니다. 하지만 금을 넘는 사람이 늘어나자 높은 담장을 세우죠. 그러면서 서로를 의심하고 미워하는 마음만 커집니다. 담장을 세운 이유도 잊힐 무렵 황금 사과도 사라지고, 남은 건 서로를 미워하는 마음뿐이죠. 사람들은 자식들에게 담 너머에는 괴물들이 산다고 가르칩니다. 그러던 어느 날, 꼬마가 우연히 담장에 난 작은 문을 통해 들어간 상대편 마을에서는 또래 친구들이 공놀이를 하고 있습니다.

본문 맛보기

두 동네 사람들이 황금 사과를 차지하려고 다퉈

작은 도시 한복판에 아무도 눈여겨보지 않는 마법의 사과나무가 있었어. 그러다 나무에서 황금 사과가 열린다는 소문이 쫙 퍼졌어. 사람들이 황금 사과를 차지하려고 몰려들어 다툼이 벌어졌지. 사람들은 의논한 끝에 땅에 금을 긋고, 오른쪽에 열리는 사과는 윗동네, 왼쪽에 열리는 사

▲황금 사과가 열리는 마법의 사과나무가 작은 도시 한복판에 있다.

과는 아랫동네에서 갖기로 했어. 하지만 얼마 뒤 사람들이 약속을 어기고 금을 넘어서 또 싸움이 일어났지. 이번에는 문이 달린 나무 울타리를 세웠지만, 그래도 욕심을 막을 수는 없었어. 결국 사방이 막힌 높은 담을 쌓고, 양쪽에 보초를 세워 감시했지. 두 마을 사람들은 서로를 의심하는 마음이 갈수록 깊어져 죽도록 미워하게 되었지. 나중에는 담을 세운 까닭도 잊히고, 담을 넘는 사람과 보초도 사라지고, 황금 사과까지 사라졌어. 남은 건 미워하는 마음뿐이었지. (4~19쪽)

본문 맛보기

황금 사과는 사라지고 미워하는 마음만 남아

▲열쇠구멍으로 들여다보니 아랫동네에는 괴물이 사는 것이 아니라, 또래 아이들이 즐겁게 공놀이를 하고 있었다.

한 꼬마가 엄마에게 저 담 너머에 누가 사냐고 묻자, 엄마는 아주 나쁜 사람들이 산다고 말했어. 그 꼬마가 어른이 되어 다시 딸을 낳았지. 딸이 담 너머에 누가 사냐고 묻자 엄마는 무시무시한 괴물들이 산다고 대답했어. 시간이 지날수록 윗동네는 점점 현대식 건물로 가득 찬 큰 동네가 되었지. 아랫동네는 높은 담 때문에 낮에도 햇볕이 들지 않아서 사람들이 밝은 곳으로 떠나게 되었어. 어느 날 한 꼬마가 공놀이를 하다가 놓친 공이 으스스한 담장으로 굴러갔어. 그곳에는 작은 문이 있었고 망가진 자물쇠의 열쇠구멍으로 빛이 새어 나왔지. 무서움을 참고 구멍 속을 들여다보자 아이들이 공놀이를 하고 있었어. 엄마가 말한 괴물이 아니었어. <u>꼬마는 문을 열고 다가가 "애들아, 안녕! 내 이름은 사과야. 너희 이름은 뭐야?"라고 물었어.</u> (19~28쪽)

생각이 쑤욱

1 아래 글을 글을 읽은 뒤, 친구에게 빵을 양보할지 정하고 그 이유도 말해 보세요.

친구와 둘이 산으로 식물 채집을 나갔다가 그만 길을 잃었습니다. 길을 찾아 헤매다가 둘 다 하루 종일 굶어서 배가 고파 참기 어렵습니다. 남은 건 작은 빵 하나인데, 친구에게 양보할 수 있겠습니까?

▲작은 빵도 배가 무척 고프면 다른 사람에게 양보하기 어렵다.

2 이 동화에 나오는 황금 사과는 무엇을 뜻할까요?

▲사람의 마음에는 이기심과 욕심의 나무가 자란다.

머리에 쏘옥

황금 사과의 뜻

이 동화의 지은이는 대학을 졸업한 뒤 프랑스로 유학을 가서 그림 공부를 했습니다. 그때 체험 학습을 떠났는데, 과거에 전쟁이 일어나서 파괴된 마을 한가운데 놓인 나무를 보았답니다.

지은이는 그 나무를 보고 남한과 북한이 1950년에 치른 6·25전쟁을 떠올렸지요. 그리고 지금까지 높은 담장에 가로막혀 서로 소통하지 못하는 남북한의 현실을 동화로 지었습니다. 이야기에 나오는 '황금 사과'는 사람의 이기심과 욕심을 뜻합니다. 하나라도 더 챙기기 위해 남의 것까지 빼앗고 미워하는 모습이 담겨 있지요. 결국 끝없는 이기심과 욕심 때문에 황금 사과는 사라지고 맙니다.

지은이는 이 동화를 통해 지나친 이기심과 욕심을 어떻게 참아 낼지 가르쳐 줍니다. 남의 것을 빼앗지 않고 시기하지 않으며, 현명한 마음으로 황금 사과를 나누는 방법을 알려 주지요.

생각이 쑥쑥

3 72쪽 밑줄 친 부분에서, 황금 사과가 사라진 까닭을 짐작해 보세요.

▲두 동네 사람들의 지나친 이기심과 욕심 때문에 황금 사과나무가 말라 죽고 말았다.

4 동화에서처럼 두 동네가 황금 사과나무가 있는 땅에 금을 그을 때, 무조건 절반으로 나누면 안 되는 까닭을 말해 보세요.

▲운동 경기를 관람할 때 왼쪽 그림처럼 키가 큰 사람에 맞추어 똑같은 높이의 발판을 주면, 키가 작은 사람은 관람하지 못하게 된다.

머리에 쏙쏙

공정한 나눔

100개의 빵을 100명에게 나눠 줄 때 1개씩 주어야 공평합니다. 하지만 배가 고프지 않은 사람도 있고, 배가 많이 고픈 사람도 있습니다. 이런 때는 배가 고픈 사람에게 더 많이 돌아가도록 해야 불만이 없습니다.

공정함이란 이처럼 똑같이 나누는 것이 아니라, 형편에 맞게 나누는 것이지요.

두 동네 사람들이 황금 사과를 나누기 위해 회의를 할 때 어떤 동네에 사람 수가 더 많은지, 가난한 사람이 많은 곳은 어딘지 등을 따져서 나눠야 합니다. 또 금을 넘어서 황금 사과를 몰래 따갈 경우 벌도 엄격하게 정해야 합니다. 양쪽에서 금을 넘는지 감시하는 사람도 있어야 하지요.

금을 넘어서 황금 사과를 따간다고 무조건 담장을 높여서도 안 됩니다. 담장이 높아질수록 상대와 대화를 할 수 없어 서로를 의심하고 미워하는 마음만 커집니다. 그러니 그런 일이 다시 일어나지 않도록 자주 만나서 의견을 나눠야 합니다.

사과나무에서 황금 사과가 잘 열릴 수 있게 가꾸는 일도 중요합니다. 거름을 주고 가지를 쳐 주는 일을 서로에게 떠넘기면, 나중엔 사과나무가 말라 죽게 됩니다.

| 생각이 쏘옥 |

5 73쪽의 밑줄 친 부분을 읽고, 욕심이 지나쳐서 상대에게 상처를 주고 미워하는 사이가 되었을 때 화해하는 방법을 이야기해 보세요.

▲사이가 멀어졌을 때 화해하려면 먼저 다가가는 것이 중요하다.

6 여러 사람이 두 편으로 나뉘어 다툼이 일어났을 때, 문제를 어떻게 해결해야 같은 다툼이 다시 일어나지 않을까요?

▲다툼이 일어나서 문제를 해결할 때, 어느 한 편이 손해가 나도록 결정하면 나중에 다툼이 또 일어난다.

> **머리에 쏘옥**
>
> ### 다툼을 해결하는 방법
>
> 세상에는 가난한 사람과 부자, 배우지 못한 사람과 많이 배운 사람, 몸이 아픈 사람과 건강한 사람 등 다양한 사람이 모여 삽니다.
>
> 우리 동네에 대형 마트가 들어설 경우 구멍가게를 하는 사람들은 장사가 안 되어 싫어합니다. 그런데 주민들은 여러 가지 물건을 편리하게 살 수 있어 좋아합니다.
>
> 서로 이익을 더 차지하려고 두 편이 다툴 때, 어느 한 편에게 이익이 더 돌아가도록 문제를 해결하면 나중에 같은 다툼이 또 일어납니다.
>
> 따라서 양쪽의 대표자들이 모여서 의견 차이를 좁혀야 합니다. 그런데도 의견 차이가 좁혀지지 않으면 자기편끼리 회의를 해서 의견을 다시 모아야 합니다. 그 뒤 상대편과 마주앉아 대화를 해야지요.
>
> 마지막에는 서로 양보를 해서 어느 편도 손해가 나지 않고, 모두 이익이 되도록 결정해야 합니다. 그래야 같은 다툼이 다시 일어나지 않는답니다.

생각이 쑥쑥

7 남한과 북한은 원래 한 나라였는데, 1950년 6·25전쟁 이후 둘로 나뉘어 지금까지 통일을 이루지 못하고 있습니다. 이 책을 참고해서 어떻게 하면 통일을 이룰 수 있을지 말해 보세요(200~250자).

> 남한과 북한이 통일이 되어야 한다고 생각하는 학생이 갈수록 줄고 있다. 남북한은 원래 같은 민족이고, 한 나라였다. 그런데 일본에게 나라를 빼앗겼다가 1945년 해방되면서 남한과 북한으로 나뉘었다. 처음엔 경계선만 있었고 서로 오갈 수 있었다. 하지만 남북한이 1950년 6·25전쟁을 치르면서 철조망 장벽으로 막히고 대화조차 끊겼다. 그리고 서로 총을 든 보초병을 세우고 감시하면서 미워하는 마음만 쌓았다. 남북한이 서로 화해하고 통일을 이루면 더 잘살 수 있다.
>
> <신문 기사 참조>

▲남북한이 둘로 갈린 뒤 철조망 장벽에 가로막혀 서로 오가지 못하고 있다. 사진은 총을 들고 휴전선을 지키는 국군.

세계문학

작은 관심이 친구 사귀는 열쇠

『보이지 않는 아이』

트루디 루드위그 지음, 책과콩나무 펴냄, 40쪽

줄거리

브라이언은 교실에서 투명 인간 취급을 받아요. 너무 소극적이고 조용하기 때문이죠. 점심도 혼자 먹고, 놀이에도 끼지 못해요. 친구들의 생일 파티에도 초대 받지 못하죠. 그런데 전학 온 저스틴이 불고기 도시락 때문에 놀림을 받아요. 브라이언은 저스틴의 사물함에 불고기가 맛있어 보였다는 쪽지를 남겨요. 저스틴은 이튿날 브라이언의 그림을 칭찬해요. 그리고 특별 과제를 해결하기 위한 팀에 브라이언을 끼워 주지요. 저스틴은 점심시간에 함께 먹자며 브라이언을 불러요. 브라이언은 이제 투명 인간이 아닐 수도 있어요.

본문 맛보기

친구들이 조용한 브라이언을 투명 인간처럼 대해

브라이언은 학교에서 너무 조용해 투명 인간 취급을 받아요. 선생님도 큰 소리로 떠드는 나단과 소피를 상대하느라 브라이언을 볼 틈이 없어요. 쉬는 시간에 미카와 제이티가 번갈아 가며 발야구를 같이 할 편을 뽑아요. 친

▲브라이언은 말이 없고 소극적이어서 학교에서 친구들에게 투명 인간 취급을 받았다.

구들은 브라이언을 끼워 주지 않아요. 친구들이 점심시간에 매디슨의 생일 파티 이야기를 즐겁게 나눠요. 브라이언은 초대를 받지 못해 혼자 점심을 먹지요. 자유 놀이 시간에도 혼자 앉아 제일 좋아하는 놀이인 용, 외계인, 해적, 슈퍼맨 그림을 그려요. 월요일에 선생님이 전학 온 저스틴을 소개해요. 친구들은 저스틴을 친구로 삼아도 될지 힐끔힐끔 쳐다봐요. 점심시간에 친구들이 저스틴의 불고기 도시락을 보고 놀립니다. 브라이언은 놀림을 받는 게 더 나쁠까, 투명 인간이 되는 게 더 나쁠까 고민합니다. 저스틴은 다음 날 사물함에서 불고기가 맛있어 보였다는 브라이언의 쪽지를 발견해요. (6~23쪽)

본문 맛보기

전학 온 저스틴과 소통하며 투명 인간 면해

　브라이언은 쉬는 시간에 분필로 땅바닥에 쓱쓱 그림을 그려요. 저스틴이 "정말 잘 그렸다."라며 칭찬해요. 수업 시간에 선생님이 특별 과제를 해야 하니 두세 명씩 짝을 지으라고 해요. 브

▲브라이언은 전학 온 저스틴에게 마음의 문을 열고 투명 인간에서 벗어날 수 있게 되었다.

라이언이 저스틴에게 고개를 돌리자 에밀리오가 저스틴은 자기 짝이라며 선수를 쳐요. 브라이언은 바닥에 시커먼 구멍을 그린 뒤 그 구멍이 자기를 삼키면 얼마나 좋을까 생각하면서 고개를 떨궈요. 이때 저스틴이 브라이언과 셋이 함께 짝을 하자고 해요. 선생님이 멋진 집을 보여 주며 이야기를 협동해서 지어내라고 과제를 설명해요. 아이들이 이야기를 지어 발표해요. 브라이언이 제일 피하고 싶은 점심시간, 저스틴이 브라이언을 부르며 손을 흔들어요. 에밀리오도 식탁 한쪽에 자리를 만들어 주며 고개를 끄덕여요. 저스틴이 브라이언에게 쿠키를 먹을 거냐고 묻자 브라이언이 고맙다고 해요. 브라이언은 이제 투명 인간이 아닐지도 몰라요. (24~35쪽)

생각이 쏘옥

1 미카와 제이티에게 발야구 놀이의 팀원을 뽑는 방법이 왜 잘못되었는지 이야기해 주세요.

▲잘하거나 친한 사람만 뽑으면 소외를 당하는 사람이 생겨 놀이의 의미가 사라진다.

머리에 쏘옥

투명 인간 취급해도 폭력

친구를 욕하거나 때리는 행동만이 폭력은 아닙니다. 투명 인간처럼 무시하는 행동도 폭력입니다.

사람은 귀해서 누구나 존중을 받아야 합니다. 그런데 소극적이고 말을 하지 않는다고 투명 인간처럼 대하면 안 되지요. 자신이 다른 친구들에게 무시를 당하면 브라이언처럼 구멍 속으로 사라지고 싶은 생각이 들 것입니다.

2 친구를 무시해서 투명 인간처럼 만드는 행동이 왜 학교 폭력이 될까요?

▲누군가에게 무시를 당하면 자존심이 상해서 맞거나 욕설을 듣는 것보다 더 큰 마음의 상처가 된다.

> 생각이 쑤욱

3 공부를 잘하거나 돈이 많거나 취미가 같은 아이들만 골라서 친구로 사귈 경우, 어떤 문제가 생길지 생각해 보세요.

☞브라이언네 반 아이들은 전학 온 저스틴을 친구로 삼아도 될지 눈치를 살피지요.

▲친구를 골라 사귀면 자기 발전에 도움이 안 된다.

4 81쪽 밑줄 친 부분의 브라이언처럼, 친구들에게 따돌림을 당해 괴로운 마음이 드는 경우 어떻게 하면 벗어날 수 있을지 알려 주세요.

▲부모님이나 선생님께 자기가 따돌림을 당해 괴롭다는 사실을 알린다.

머리에 쏘옥

따돌림을 벗어나는 방법

친구들에게 따돌림을 당할 때 참고 지내면 마음이 힘들어집니다. 학교에 가기도 싫고 공부도 하기 어렵지요.

브라이언처럼 성격이 소극적이라면 친구들에게 다가가는 노력을 해야 합니다. 용기를 내어 저스틴에게 쪽지를 보낸 것처럼요.

노력을 해도 나아지지 않으면 부모님이나 선생님께 도움을 청해야 합니다. 자기가 어떻게 따돌림을 당하는지 자세하게 이야기하고 도움을 청합니다. 그럼 친구들의 따돌림에서 벗어날 수 있는 방법이 나올 것입니다.

생각이 쑤욱

5 전학 등을 이유로 교실에서 낯선 학생들을 처음 대할 때, 어떻게 하면 친하게 지낼 수 있을지 자기 경험을 들어 소개해 보세요.

☞ 저스틴은 브라이언의 그림을 잘 그렸다고 칭찬했습니다.

▲학교에 오고갈 때 마주치면 먼저 웃으며 인사하고 다가간다.

머리에 쏘옥

친구 사귀려면 먼저 다가가야

친구를 사귀려면 먼저 다가가는 노력이 필요합니다. 친구가 다가와 주기를 기다리지 마세요.

브라이언이 마음을 열고 저스틴에게 용기를 내어 쪽지를 건네자 놀라운 변화가 일어났어요. 쪽지를 받은 저스틴이 브라이언의 그림을 칭찬하면서 서로 친해진 것이죠.

친구를 사귀려면 어색해도 학교에 오고갈 때나 복도에서 마주칠 때 먼저 인사를 합니다. 간식을 나눠 줘도 좋고, 좋은 점을 찾아 칭찬해도 되지요.

▲친구의 좋은 점을 칭찬해 주면 친구도 나를 좋게 생각한다.

생각이 쑤욱

6 학교에서 따돌림을 당하는 친구를 도와야 하는 까닭과 도울 방법을 말해 보세요 (200~250자).

교실에서 친구들에게 따돌림을 당하는 영주와 앞장서서 영주를 따돌리는 지혜, 그런 모습을 지켜만 보는 혜선이가 나오는 영상을 보여 주었다. 선생님은 영상을 다 보여 준 뒤, "여러분이 혜선이라면 어떻게 했을까요?"라고 물었다. 학생들은 거의 모두 영주를 위해 행동하겠다고 손을 들었다. 이유를 묻자 "옆에서 지켜보는 사람도 따돌리는 사람과 같으니까요.", "고통을 당하는 영주의 두려운 마음을 알 것 같아요."라는 등의 답이 나왔다.

<신문 기사 참조>

▲교실에서 누군가 친구를 괴롭힐 경우, '멈춰!'라고 소리쳐도 좋다.

세계문학

지금 함께 있는 사람이 가장 중요해요

『세 가지 질문』

존 무스 지음(레프 톨스토이 원작), 달리 펴냄, 32쪽

줄거리

니콜라이는 좋은 사람이 되려면 세 가지 질문의 답을 알아야 한다고 생각합니다. 그래서 친구들에게 가장 중요한 때와 가장 중요한 사람, 가장 중요한 일이 무엇인지 묻지요. 친구들은 각자 답을 말하지만, 니콜라이는 마음에 들지 않습니다. 그래서 나이 많고 현명한 거북 레오를 찾아갑니다. 레오는 질문에 대답은 하지 않고 미소만 짓습니다. 니콜라이는 불편한 레오를 대신해 밭일을 마치고, 나무에 깔린 어미와 새끼 판다를 구합니다. 그리고 레오에게서 세 가지 질문의 답을 얻습니다.

본문 맛보기

가장 중요한 때는 언제일까

좋은 사람이 되고 싶은 니콜라이는 세 가지 질문의 답을 알면 올바르게 살 수 있다고 생각했어요. 그래서 왜가리 소냐에게 가장 중요한 때가 언제인지 묻자, 미리 계획을 세우면 알 수 있다고 합니다. 원숭이 고골리는 주위를 잘 살피고 정신을 집중하

▲원숭이 고골리가 니콜라이의 질문에 대한 답을 생각하고 있다.

면 알 수 있다고 하지요. 개 푸슈킨은 그때를 알려 주는 친구가 필요하다고 하네요. 이번에는 가장 중요한 사람이 누구냐고 묻자, 소냐는 하늘나라에 가장 가까운 사람, 고골리는 아픈 사람을 치료하는 사람, 푸슈킨은 규칙을 만드는 사람이라고 해요. 니콜라이는 다시 가장 중요한 일을 묻습니다. 소냐는 하늘을 나는 것, 고골리는 항상 재미있게 노는 것, 푸슈킨은 싸우는 것이라고 말해요. 니콜라이는 친구들의 대답이 마음에 들지 않아, 나이 많은 거북 레오 할아버지를 찾아갑니다. (2~5, 6~8쪽)

본문 맛보기

지금 함께 있는 사람 보살피는 일이 가장 중요

▲니콜라이가 위험에서 구해 준 어미와 아기 판다.

니콜라이는 힘들게 밭을 갈던 레오에게 세 가지 질문을 했지만, 빙긋이 웃기만 합니다. 니콜라이는 불편한 레오 대신 밭일을 끝냅니다. 그 뒤 쓰러진 나무에 깔려 다리를 다친 어미와 아기 판다를 발견하고 구하지요. 다음 날 니콜라이는 레오에게 세 가지 질문을 다시 합니다. 레오는 니콜라이가 자신을 도와 밭을 갈지 않았다면 판다를 구하지 못했을 거라며, 가장 중요한 때는 밭을 갈던 순간, 가장 중요한 사람은 레오 자신, 가장 중요한 일은 나를 도와서 한 밭일이라고 말해요. 그리고 다친 판다를 발견했을 때는 판다를 구한 순간이 가장 중요한 때, 가장 중요한 사람은 어미와 아기 판다, 가장 중요한 일은 판다를 보살핀 일이라고 합니다. 그러니 가장 중요한 때는 지금이고, 가장 중요한 사람은 함께 있는 사람, 가장 중요한 일은 함께 있는 사람을 위해 좋은 일을 하는 거라고 말하지요. (9~13, 15~19, 22~26쪽)

생각이 쑤욱

1 니콜라이가 세 가지 질문에 대한 답을 찾으려던 이유를 말해 보세요.

▲니콜라이가 레오에게 세 가지 질문을 한 뒤 답을 듣고 있다.

2 니콜라이는 왜 친구들의 대답이 마음에 들지 않았는지 두 가지만 예를 들어 보세요.

☞소냐는 미리 계획을 세우면 가장 중요한 때가 언제인지 알 수 있다고 했습니다. 하지만 미래의 일은 계획한 대로 이루어지지 않습니다.

머리에 쏘옥

세 가지 질문

이 책의 원작은 톨스토이(1828~1910)가 70세를 넘긴 뒤 썼습니다.

톨스토이는 러시아를 대표하는 작가입니다. 그는 귀족이었지만 주로 가난한 농민의 삶을 글로 보여 주었고, 평등한 세상을 만들기 위해 애썼습니다.

톨스토이는 죽기 전에 사람들에게 도움이 되는 이야기를 남기고 싶어서 이 책을 지었다고 해요. 원래 글의 줄거리는 러시아의 황제가 자기를 죽이려 했던 사람을 도우면서 세 가지 질문에 대한 답을 깨닫는다는 이야기입니다.

▲톨스토이

생각이 쑤욱

3 89쪽 밑줄 친 부분에서, 레오는 왜 니콜라이의 질문에 대답하지 않고 빙긋이 웃기만 했을까요?
☞ 경험을 통해 배우는 것이 나은 경우도 있습니다.

4 길을 가다가 물에 빠진 사람을 발견했어요. 이때 가장 중요한 사람은 물에 빠진 사람이어서 도움을 줘야 하지만 자신도 소중합니다. 어떻게 도움을 줄 수 있을까요?

▲물에 빠진 사람을 구할 때는 자신의 안전도 살펴야 한다.

머리에 쏘옥

경험의 소중함

궁금한 일이 생겼을 때 다른 사람에게 묻거나 인터넷을 검색하는 것보다 자기 경험을 통해 답을 찾는 것이 나은 경우가 있습니다.

니콜라이가 레오를 도와 밭일을 하지 않았거나 판다를 구하지 않았다면, 세 가지 궁금증을 풀지 못했을 것입니다. 레오가 대답을 해 주었어도 체험으로 알지 못하면 실천할 수 있는 힘도 얻지 못합니다.

도움을 줄 때 주의할 점

다른 사람을 도울 때는 자신의 안전도 살펴야 합니다.

물에 빠진 사람을 발견했을 때 무조건 구하려고 물속으로 뛰어들면 자기도 같은 위험에 빠질 수 있습니다.

그러니 먼저 119에 신고부터 합니다. 그리고 튜브 등 물에 뜨는 것을 끈에 매달아 던져 주거나 어른에게 알립니다.

> 생각이 쑤욱

5 성적이 떨어지는 아이는 함께 있어도 무시하는 사례가 있습니다. 성적이 떨어지는 친구도 소중한 이유와, 그 친구를 위해 어떤 도움을 줄 수 있을지 이야기해 보세요.

▲성적이 떨어지는 아이는 함께 있어도 무시를 당하는 일이 있다.

6 오늘 하루 일어난 일 가운데, 니콜라이가 한 세 가지 질문에 답하고 그 이유도 말해 보세요.

가장 중요한 때	
가장 중요한 사람	
가장 중요한 일	

> 머리에 쏘옥

도움은 도움을 부른다

레오는 나이가 많아 밭을 가는 일이 힘에 부칩니다.

그런데 니콜라이가 세 가지 질문을 하러 왔다가 레오의 힘든 모습을 보고 밭일을 대신하지요. 니콜라이는 밭일을 마친 뒤, 위험에 빠진 어미와 새끼 판다도 구합니다.

니콜라이는 대가를 얻으려고 도운 게 아닙니다. 그런데 니콜라이는 레오를 도우면서 밭을 가는 방법을 배웠어요. 판다를 도우면서는 다친 다리를 치료하는 방법을 익혔지요. 무엇보다 레오와 판다를 도우면서 마음속으로 뿌듯함을 느꼈을 것입니다.

이처럼 성적이 떨어지는 친구를 포함해 다른 사람을 소중하게 생각해서 도우면, 보람을 느끼고 스스로 성장하게 됩니다. 도움을 받은 레오와 판다는 나중에 다른 사람을 도울 것입니다. 니콜라이가 어려움에 빠졌을 때도 대가 없이 돕겠지요.

다른 사람을 도우면 도움을 받은 사람이 또 다른 사람을 도와서, 우리 사회에 소중한 사람이 많이 생긴답니다.

생각이 쑤욱

7 아래 글에서 니콜라이가 깨달은 세 가지 질문에 대한 답을 예로 들어, 민석이와 소정이에게 습관을 어떻게 바꿔야 하는지 말해 주세요(200~250자).

민석이는 할 일을 자꾸 미룹니다. 숙제를 하다가 피곤하다며 잠을 자는 바람에 다음 날 선생님께 혼나는 일이 많지요. 민석이는 항상 시간에 쫓기는데, 할 일이 쌓여서 힘이 듭니다. 소정이는 늘 어제 한 잘못을 떠올리며 후회를 합니다. 학교에 지각한 일이나 친구와 다툰 일을 생각하면서 아침에 일찍 일어나거나 친구에게 양보했어야 한다고 후회합니다.

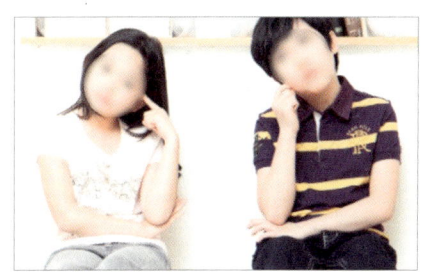
▲민석이는 항상 할 일을 미루고, 소정이는 어제 한 일을 후회한다.

<신문 기사 참조>

93

세계문학

가장 값진 선물은 상대를 사랑하는 마음

『크리스마스 선물』

오 헨리 지음, 어린이작가정신 펴냄, 32쪽

줄거리

델라와 짐은 젊지만 가난에서 벗어나지 못하는 부부입니다. 크리스마스가 내일인데, 델라에게는 1달러 87센트밖에 없습니다. 남편 짐의 선물을 사기에는 많이 모자랍니다. 델라는 자신이 가장 아끼는 머리칼을 잘라 팔아서 짐의 시계에 어울리는 백금 시곗줄을 삽니다. 짐은 델라의 짧은 머리칼을 보고 어쩔 줄을 몰라 합니다. 사실은 델라의 머리빗을 사느라 시계를 팔아 버렸기 때문입니다. 서로를 위해 준비한 선물은 쓸모없어지고 맙니다. 하지만 짐과 델라는 세상에서 무엇보다 값진 선물을 받았습니다.

본문 맛보기

머리칼 팔아 남편에게 선물할 시곗줄 사

▲델라는 남편에게 크리스마스 선물을 할 돈이 모자라 고민이었다.

크리스마스가 내일입니다. 델라에게는 1달러 87센트밖에 없었습니다. 돈을 아껴 모았지만 그게 전부였지요. 델라는 침대에서 웅크린 채 훌쩍거렸습니다. 남편 짐에게 어떤 선물을 할지 고민이었거든요. 이 부부에게는 더없이 소중한 두 가지가 있었습니다. 짐이 부모님께 물려받은 금시계와 델라의 아름다운 머리칼이었습니다. 델라는 미용실로 가서 머리칼을 잘라 팔았어요. 그리고 짐에게 줄 선물을 찾아 가게를 뒤져서 고급 백금 시곗줄을 샀지요. 짐에게는 근사한 시계가 있었지만 닳아빠진 가죽 시곗줄 때문에 남몰래 시계를 꺼내 봐야 했습니다. 델라는 이제 짐이 언제든지 폼 나게 시계를 볼 수 있을 것이라고 생각했습니다. 델라는 집에 돌아온 뒤 엉망이 된 머리칼을 손질했지요. 거울 속의 자신이 장난꾸러기 남학생처럼 보였습니다. (2~14쪽)

▲델라는 자신의 머리카락을 팔아 남편에게 선물할 백금 시곗줄을 샀다.

이런 뜻이에요
센트 미국 돈의 단위. 1센트가 100개 있어야 1달러가 된다.

본문 맛보기

서로를 사랑하고 아끼는 마음 선물로 받아

델라는 짐이 자신의 모습을 보고 어떻게 생각할지 몰라 걱정되었습니다. 집으로 돌아오는 짐의 발소리가 들리자 얼굴이 하얗게 질렸지요. 남편이 자신을 예쁘게 여기도록 해 달라고 기도했습니다. 짐은 델라의 머리칼을 보고 뚫어져라 쳐다봤습니다. 델라는 짐에게 그렇게 쳐다보지 말라면서, 짐의 선물을 사느라 잘랐지만 머리카락은 빨리 자란다고 말했습니다. 짐은 괴로워하며 "난 당신이 머리를 깎았든 어떻든, 사랑하는 진심은 식지 않는다오."라고 말했습니다. 짐이 시곗줄을 선물 받고 풀썩 주저앉아 양팔을 머리 뒤로 괸 뒤 빙긋 웃었습니다. 그러면서 크리스마스 선물은 한동안 잊고 지내자고 했지요. 짐도 델라의 머리빗을 사려고 금시계를 팔았다고 말했습니다. 서로를 위해 소중히 여기던 가보를 팔아 버린 이 부부야말로 가장 현명했습니다. (14~25쪽)

▲델라와 짐은 서로를 위해 자신에게 가장 소중한 물건을 팔았다.

이런 뜻이에요

가보 한집안에서 대를 물려 전해지는 귀중한 물건.

생각이 쑤욱

1 지금까지 받은 선물 가운데 가장 감동한 선물은 무엇이며, 왜 감동했는지도 말해 보세요.

▲값비싼 선물도 주는 사람의 정성과 사랑이 담기지 않으면 가치가 사라진다.

2 이번 크리스마스 때 산타클로스 할아버지에게 받고 싶은 선물과 그 까닭을 넣어 편지를 써 보세요.

☞ 편지에는 자신이 왜 그 선물을 받을 자격이 있는지 이유도 들어가야 합니다.

▲산타클로스는 크리스마스 전날 착한 일을 한 어린이에게 선물을 준다는 전설이 있다.

머리에 쏘옥

산타클로스에게 편지를 쓰려면

산타클로스가 사는 마을은 세계 여러 곳에 있습니다. 이 가운데 핀란드의 로바니에미에 있는 산타 마을이 가장 유명하지요. 산타 마을에는 산타클로스의 사무실과 세계 어린이들의 정보가 담긴 책들이 있는 도서관, 우체국, 산타파크 등이 있습니다.

우체국에는 여러 나라 어린이들이 보낸 편지로 가득합니다. 이곳에 편지가 도착하면 나라별로 나눠서 산타클로스에게 전달됩니다. 산타클로스는 어린이들이 보낸 편지에 일일이 답장을 합니다. 이를 위해 여러 나라의 언어를 할 줄 아는 비서들이 산타클로스를 돕는답니다.

우리나라에는 강원도 화천에 산타클로스 우체국이 있습니다. 이곳에서 산타 할아버지에게 편지를 부치면, 핀란드의 산타 마을 산타클로스에게서 답장을 받을 수 있답니다.

▲핀란드 산타 마을의 우체국.

생각이 쑤욱

3 델라와 짐이 서로를 위해 준비한 최고의 선물은 이제 쓸모가 없어졌습니다. 하지만 이들 부부가 서로에게 받은 진정한 선물은 무엇인지 생각해 보세요.

▲델라와 짐은 자신이 가장 아끼는 것을 팔아 상대를 위하는 마음을 보여 주었다.

4 델라와 짐 부부가 그 뒤 어떻게 되었을지 실감나게 이야기해 보세요.

▲델라는 짐에게 시계를 사 주고, 짐은 델라가 다시는 머리칼을 팔지 않도록 서로 열심히 일해 큰 부자가 되었다. 기부도 많이 했다.

머리에 쏘옥

진정한 선물

선물은 원래 누군가에게 물건 등을 주는 것입니다. 기념일을 축하하거나 다른 사람과 가까워지고 싶을 때 나누지요. 위로하거나 사과하기 위해 보내기도 합니다. 선물을 주는 목적은 이처럼 여러 가지입니다. 그런데 보통 보내는 사람의 마음이 담겨 있습니다. 선물을 하려면 돈과 시간을 쓰고, 노력을 하기 때문이지요.

따라서 선물은 자기 마음을 보여 주는 것이므로, 눈에 보이는 물건 이상의 큰 뜻이 담겨 있답니다. 선물을 받는 사람을 소중히 여긴다는 뜻으로도 볼 수 있지요. 그러니 진정한 선물은 바로 누군가를 진심으로 배려하는 마음인 것입니다.

델라와 짐 부부는 가난했습니다. 하지만 자신이 가장 아끼는 것을 팔아 상대를 위하는 마음을 보여 주었습니다. 따라서 서로를 진심으로 사랑하고 아끼며, 믿는다는 마음을 선물한 것이지요.

▲상대를 아끼고 배려하는 마음이 최고의 선물이다.

생각이 쑥쑥

5 크리스마스 때 부모님이나 친구 등 사랑하는 사람에게 물건 외에 자신의 사랑을 표현할 수 있는 선물 방법을 소개해 보세요.

▲선물은 꼭 물건으로만 할 수 있는 것은 아니다. 악기를 연주하는 것도 선물이다.

6 어려서부터 부모님을 졸라 아무 노력 없이 비싼 선물을 계속 받는다면 어떤 문제가 생길까요?

▲경제 상황이 좋지 않은데도, 비싼 어린이 선물이 많이 팔리고 있다.

"아이가 조르는데 사 주지 않을 수 있나요. 부모 입장에서는 아이가 기뻐하는 모습만 본다면 선물 가격이 비싸도 상관없다고 생각해요." 어린이날을 앞두고 경제 상황이 좋지 않은데도, 값비싼 어린이 선물이 많이 팔린다. 100만 원이 넘는 로봇 장난감 외에도, 60만~90만 원이나 되는 어린이용 전동카도 많이 팔리고 있다. 이에 따라 가난한 부모는 마음의 상처를 받는다.

<신문 기사 참조>

머리에 쏘옥

비싼 선물 계속 사 주면 독립심 약해져

어린이에게 아무 노력이 없는데도 비싼 선물을 계속 사 줄 경우 독립심이 약한 어른으로 자랄 수 있습니다. 또 학교 친구들과 비교가 되어 상처를 줄 수 있고, 자기가 왕따를 당해 마음을 다친 채 자랄 수 있습니다.

어릴 적부터 독립심을 키워 주지 않으면 다른 사람에게 기대서 살게 되고, 자신감도 사라집니다.

작은 일이라도 스스로 해 내거나 다른 사람을 배려했을 경우 어린이날 등 기념일에 선물을 하는 방식이 좋습니다. 빨래한 옷을 개도록 한다든지, 밥상을 차릴 때 반찬을 옮기게 하는 등 작은 일부터 시도하면 됩니다. 성적 향상도 좋습니다. 하지만 등수를 올렸을 때보다는 과거보다 점수가 올랐을 때 주는 방식으로 보상합니다.

비싼 선물을 요구할 경우 반드시 일정 부분은 자기 돈을 보태도록 합니다. 그러면 용돈을 아끼거나 집안일을 거들어 용돈을 더 받아서 댈 수 있습니다. 자기에게 필요 없는 물건을 팔아 마련할 수도 있지요.

생각이 쑥쑥

7 내가 산타클로스 할아버지라면, 이번 크리스마스에 어떤 어린이에게 어떤 선물을 주고 싶은지 말해 보세요(200~250자).

코로나19 때문에 세계적으로 한 달에 1만 명이 넘는 어린이가 굶어 죽는다고 유엔이 밝혔다. 나라마다 출입이 막히는 바람에 식량이 있어도 도움을 받을 수 있는 길이 끊겼기 때문이다. 부르키나파소의 한 젖먹이 어린이는 몸무게가 2.5킬로그램에서 한 달 사이 절반이 더 줄었다. 아기 엄마는 영양이 부족해 젖이 나오지 않는다. 유엔은 지금의 상황이 오래가면, 한 세대 전체가 전멸할 수도 있다고 밝혔다.

<신문 기사 참조>

▲부르키나파소의 집이 없는 엄마와 아기들이 한 수용소 천막 앞에서 식량을 나눠 주기를 기다리고 있다.

※ 부르키나파소 아프리카 서부에 있는 나라.

초등학생 문해독서 초급 4호 답안과 풀이

01. 『누가 숲을 사라지게 했을까?』

♣10쪽

1. 예시 답안

숲에서 온갖 나물과 나무 열매를 얻을 수 있다. 숲에서 나는 나무로 종이를 만들고 집도 짓는다. 쉼터가 되며 삼림욕을 즐길 수 있다. 숲은 또 이산화탄소를 흡수하고 산소를 만든다. 빗물을 저장했다가 조금씩 흘려보내 홍수와 가뭄도 조절해 준다 등.

2. 예시 답안

팜유를 더 많이 생산하려고 숲의 나무를 베어 내고, 그 자리 기름야자를 심었다. 숲이 있던 자리가 팜유를 생산하는 농장이나 공장으로 바뀌면, 숲에 살던 동물들이 살 곳을 잃는다.

♣11쪽

3. 예시 답안

지구에 힘이 되는 맹그로브 숲을 돌려 주세요 / 동물들의 보금자리인 맹그로브 숲을 파괴하지 말아 주세요 / 지구 온난화를 막아 주는 맹그로브 숲을 지켜 주세요 등.

4. 예시 답안

햄버거를 적게 먹는다. 고기를 적게 먹는다. 팜유가 들어간 과자 등 간식거리를 먹지 않는다. 새우튀김을 덜 먹는다. 단맛이 들어간 간식을 덜 먹는다 등.

♣12쪽

5. 예시 답안

숲을 보호하려면 함부로 쓰레기를 버리거나 음식물을 버려서는 안 된다. 풀과 꽃, 나무를 꺾거나, 바위와 나무에 글씨를 새기면 안 된다. 야생 동물을 잡아서도 안 된다. 아무 곳에서나 불을 피워서도 안 된다.

6. 예시 답안

(고쳐야 할 습관) 공책이나 종합장 등에 낙서를 많이 한다. 손을 씻은 뒤 수건이 아닌 휴지에 손을 닦는 등 화장실에서 휴지를 많이 쓴다. 나들이를 할 때 나무젓가락이나 일회용 종이컵을 많이 쓴다.

(고칠 수 있는 방법) 공책을 아껴 쓰고, 손수건을 가지고 다니면서 휴지를 알맞게 사용한다. 개인용 컵을 들고 다니며 종이컵을 쓰지 않는다. 나무젓가락 대신 쇠젓가락을 이용한다.

♣13쪽

7. 예시 답안

아마존의 숲은 산소를 많이 내뿜어 지구의 나쁜 공기를 정화하는 곳이다. 아마존의 숲이 사라지면 죽은 나무들이 이산화탄소를 내뿜어 공기가 오염되고, 지구 온난화는 더욱 빨라질 것이다. 아마존의 숲이 파괴되는 까닭은 사람들이 고기를 많이 먹고 종이를 낭비하기 때문이다. 따라서 아마존의 숲을 지키려면 고기를 되도록 덜 먹는 습관을 길러야 한다. 휴지 대신 손수건을 이용하고, 종이를 아껴 쓰는 습관도 들여야 한다.

02. 『발명가 로지의 빛나는 실패작』

♣18쪽

1. 예시 답안

'실패는 성공의 어머니'라는 말은 어떤 일에 실패해도 이를 발판 삼아 다시 도전하면 언젠가는 성공한다는 뜻이다. 미국의 발명가 에디슨은 전구를 발명하기까지 2000번이 넘는 실패를 했다. 이처럼 어떤 일에 도전해 실패해도 포기하지 말고 그 경험에서 얻은 배움을 바탕으로 다시 도전하면 언젠가는 성공할 수 있다.

2. 예시 답안

빼기를 이용한 발명은 물건에서 일부를 없애서 간편하게 만들거나 부피를 줄일 수 있다. 빼기 발명의 예는 유선 전화기에서 전화선을 뺀 무선 전화기, 카메라에서 필름을 뺀 디지털카메라, 수박에서 씨를 뺀 씨 없는 수박 등이 있다. 또 청소기의 전선을 뺀 무선 청소기도 빼기 발명 가운데 하나이다.

♣19쪽

3. 예시 답안

분야	읽을 책
사회	『공감 씨는 힘이 세!』 (김성은 지음, 책읽는곰 펴냄, 44쪽)
환경	『상자 세상』 (윤여림 지음, 천개의바람 펴냄, 60쪽)
경제	『내 로봇 천 원에 팔아요!』 (김영미 지음, 키위북스 펴냄, 64쪽)
지리	『내 친구가 사는 곳이 궁금해』 (김향금 지음, 열린어린이 펴냄, 48쪽)
법	『우당탕탕! 우리 동네 법 대장 나준수가 간다!』 (한국법교육센터 지음, 가나출판사 펴냄, 68쪽)
여러 분야의 책을 많이 읽어야 하는 까닭	

여러 분야의 책을 읽으면 다양한 지식을 쌓을 수 있고 관심 분야가 넓어진다. 이렇게 되면 주변 사람의 불편한 점도 보이고, 해결에 필요한 아이디어가 떠오를 수 있다. 발명품을 만들려면 기계의 원리와 수학적 계산 외에도 디자인 지식도 필요하다. 책을 많이 읽으면 짧은 시간에 이러한 지식을 쌓을 수 있다.

4. 예시 답안

로지는 자기가 좋아하는 삼촌을 걱정하는 마음과 이모할머니의 꿈을 이루어 드리고 싶은 마음에서 발명을 했다. 이처럼 발명가는 가족이나 주위 사람들, 나아가 세상 사람들을 배려하는 마음을 가져야 한다. 그래야 발명 아이디어도 떠오르고, 발명 과정에서 어려움이 생겨도 이겨 낼 수 있다.

♣20쪽

5. 예시 답안

	고기, 생선, 채소 등 음식이 쉽게 상해 배탈이 나는 일이 많아진다. 그리고 음식을 신선하게 유지할 수 없으므로 식품의 가격이 높아진다. 약품도 차게 보관할 수 없어 병을 고치는 데에 어려움을 겪는다.
	사람이 먼 길을 가거나 물건을 옮기려면 시간이 많이 걸린다. 무거운 물건을 옮기려면 힘도 든다. 그래서 물건이 귀해져 값이 오르고, 사람들 사이에 만나기도 어렵다.
	유전 전화가 없는 곳과 야외에서는 다른 사람들과 연락할 수 없다. 그럼 급한 상황에서도 경찰이나 119를 부르기 어렵다.

♣21쪽

6. 예시 답안

아파서 움직이기 어려운 환자들을 위해 병을 간호할 수 있는 간병 로봇을 발명하고 싶다. 누워 있는 환자는 자주 자세를 바꿔 줘야 하는데, 사람이 하면 힘이 많이 든다. 간병 로봇을 발명하면 이러한 일을 대신할 수 있다. 로봇이 환자의 상태를 확인하고, 먹은 약도 기록해 그 내용을 컴퓨터로 전송하면 건강을 꼼꼼하게 관리할 수 있다. 그리고 간병 로봇이 대화 상대도 해 주고 책도 읽어 주기 때문에 아픈 병이 더 빨리 나을 것이다.

03. 『버섯 팬클럽』

♣26쪽

1. 예시 답안

-양송이버섯 : 갓 표면이 흰색이나 누런 갈색이다. 주름살이 빽빽하고 주름살 끝은 백색이다.

-표고버섯 : 자루는 굵고 짧으며 둥근 갓이 있다. 갓 표면에 갈색이나 회색으로 갈라진 틈이 많다. 안쪽에는 주름이 많이 잡혀 있다.

-팽이버섯 : 갓이 매우 작고 가늘고 긴 자루가 있다. 전체가 흰색이다. 여러 개의 버섯이 뭉쳐 있다.

2. 예시 답안

버섯은 식물처럼 생겼고 한곳에서만 살아가므로 식물로 생각하기 쉽다. 하지만 사는 방식을 보면 식물과 다르다. 식물은 빛을 받아 물과 이산화탄소를 가지고 스스로 양분을 만들어 산다. 그러나 버섯은 동물처럼 식물이나 다른 동물의 영양분을 얻어 산다. 식물은 잎, 줄기, 뿌리로 이뤄져 있지만, 버섯은 갓과 주름살, 자루, 균사 등으로 이뤄져 있다. 식물은 주로 씨앗으로 자손을 퍼뜨리는데, 버섯은 씨앗 대신 포자로 자손을 퍼뜨린다.

♣27쪽

3. 예시 답안

'자연을 존중하라'는 말은 자연을 함부로 대하지 말라는 뜻이다. 자연을 존중하지 않고 함부로 행동하면 결국 숲이 파괴된다. 버섯을 함부로 딸 경우 버섯을 먹고 사는 동물이 굶게 된다. 그러면 그 동물을 먹이로 하는 다른 동물도 살기 어렵다. 이렇게 되면 자연 전체에 영향을 미치면서 숲이 파괴된다. 또 버섯을 관찰하면서 식물을 마구 짓밟으면 식물이 자라지 못한다. 식물이 죽으면 식물을 먹고 사는 생물, 식물 주변에서 사는 생물이 영향을 받게 되어 숲의 환경이 변하게 된다.

4. 예시 답안

사람은 자연에서 음식의 재료 말고도 여러 가지로 얻는 게 많다. 버섯에서 좋은 성분을 뽑아내어 약이나 화장품을 만들고, 벽돌이나 페인트도 만든다. 숲은 사람에게 쉴 수 있는 장소가 되어 준다. 나무는 종이의 재료가 되고, 집과 가구를 만드는 데도 쓰인다. 목화에서 옷감을 얻고, 버드나무는 아플 때 먹는 아스피린이라는 약의 재료가 된다. 푸른곰팡이는 세균을 이기는 페니실린이라는 약의 재료가 된다. 그리고 석유도 아주 먼

초등학생 문해독서 초급 4호 답안과 풀이

옛날에 동식물이 죽은 뒤 땅속에 묻혀 만들어졌다.

♣ 28쪽

5. 예시 답안

지렁이는 나뭇잎이나 동물의 똥을 분해하는 일을 해서 땅에 흡수될 수 있도록 한다. 지렁이가 분해한 물질은 땅을 기름지게 하므로 식물이 잘 자란다. 지렁이는 또 땅속을 기어 다니며 땅에 공기구멍을 뚫는다. 공기구멍은 빗물이 땅속에 잘 스며들게 하고, 식물이 수분을 잘 흡수하도록 돕는다. 따라서 지렁이가 생긴 모습이 징그럽다고 함부로 대하면 안 된다. 지렁이가 없으면 숲이 만들어지지 못하기 때문에 걷다가 지렁이를 봐도 함부로 밟으면 안 되는 까닭이다.

♣ 29쪽

6. 예시 답안

자연 관찰 계획서
관찰 목적 : 곤충의 특징 알기
관찰 대상 : 숲에 사는 곤충
관찰할 내용 : 곤충의 종류에 따른 생김새와 특징
장소 : 곤지암 화담숲
함께 가는 사람 : 엄마, 아빠, 동생
준비물 : 곤충 도감, 돋보기, 공책, 필기도구, 휴대 전화(사진 찍는 데 사용), 모자, 선크림, 간식
주의할 점 : 벌에 쏘이지 않도록 조심하기, 아무 나무나 만지지 않기, 곤충을 함부로 만지거나 죽이지 않기, 관찰할 때 숲을 너무 파헤치지 않기, 큰소리 내지 않기

04. 『은행나무 열매』

♣ 34쪽

1. 예시 답안

텔레비전에서 요양 병원의 모습을 본 적이 있는데 자리에 누워 계신 어르신들이 많이 나왔다. 어르신들은 얼굴이 힘들고 슬퍼 보였다. 그래서 환자들에게 웃음을 주고 옆에서 돌봐 줄 수 있는 로봇을 만들어서 싸게 팔고 싶다. 그런 로봇을 만들려면 과학을 잘해야 하므로 앞으로 좀 더 공부를 열심히 하겠다.

2. 예시 답안

남을 도우면 자신이 누군가에게 필요한 사람이라는 생각이 들어 뿌듯함을 느낄 수 있다. 또 친구를 도와주면 친구와 더 친해지므로 학교 생활이 즐거워진다. 그리고 도움을 받은 사람이 나중에 나를 도울 수 있다. 도움을 받은 사람이 또 다른 사람을 돕는 일이 반복되면 곤란에 빠진 사람도 줄어들고, 범죄도 사라진다.

♣ 35쪽

3. 예시 답안

계속 엄마랑 함께 있으면 안 돼. : 두렵거나 힘든 일이 생겨도 독립해서 스스로 살아야 한다. / 눈이 도는 게 걱정되면 눈을 꼭 감으면 괜찮아. : 어른이 되면 남들에게 도움을 주는 말을 해야 할 경우도 있다. / 함께 가면서 내 외투를 번갈아 입자 : 어려움이 생겼을 때, 다른 사람과 도움을 주고받아야 한다. / 공주님과 결혼할 거야. : 결혼해서 자식도 낳고 행복한 가정을 이룬다. / 황금빛 별이 될 거야. : 더 나은 삶을 위해 참고 일해야 한다.

4. 예시 답안

아가들아, 앞으로 엄마의 품을 떠나서 살 때는 생각하지 못한 어려운 일이 많이 생길 거란다. 추운 겨울에는 눈보라가 치기도 하고 여름에는 무더위가 너희를 힘들게 할 수 있어. 흙속의 양분이 모자라 배가 고플 때도 있을 거야. 그럴수록 견디며 뿌리를 깊이 내리려고 노력해야 해. 참고 견디면서 조금씩 노력하면 어느새 어엿한 어른 은행나무가 될 거야. 너희들도 자식을 낳아 엄마보다 나은 부모가 되었으면 좋겠어. 힘들 땐 내가 항상 너희를 사랑하고 지켜본다는 사실을 잊지 말아 줘.

♣ 36쪽

5. 예시 답안

은행나무 열매는 엄마 품을 떠난 뒤 어딘가에 자리를 잡는다. 그리고 봄이 되면 싹을 틔우고, 몇 년이 지나면 엄마 은행나무로 자란다. 엄마 은행나무는 이전의 엄마 은행나무처럼 열매를 맺는다. 사람도 마찬가지다. 어릴 적에는 부모님의 보살핌을 받으며 자란다. 그리고 어른이 되면 직업을 가지거나 결혼해서 부모의 품을 떠나 살아야 한다. 부모님도 나이가 들면 자식을 돌보기 어렵다. 어떤 부모님은 자식의 보살핌을 받기도 한다. 따라서 어른이 되면 자기를 책임질 줄 알아야 한다. 그래야 스스로를 돌볼 수 있고 자기 가족도 돌볼 수 있다.

♣ 37쪽

6. 예시 답안

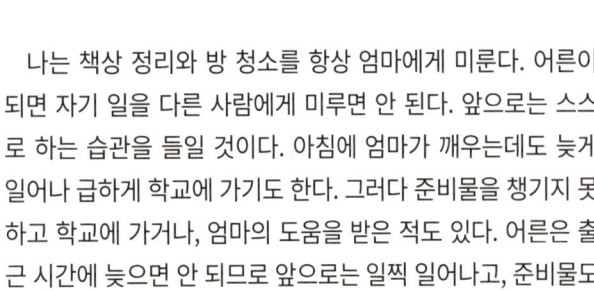

나는 책상 정리와 방 청소를 항상 엄마에게 미룬다. 어른이 되면 자기 일을 다른 사람에게 미루면 안 된다. 앞으로는 스스로 하는 습관을 들일 것이다. 아침에 엄마가 깨우는데도 늦게 일어나 급하게 학교에 가기도 한다. 그러다 준비물을 챙기지 못하고 학교에 가거나, 엄마의 도움을 받은 적도 있다. 어른은 출근 시간에 늦으면 안 되므로 앞으로는 일찍 일어나고, 준비물도 미리 챙겨야겠다. 숙제도 엄마의 잔소리를 한참 듣고 시작하는 버릇이 있다. 어른이 되면 자기에게 주어진 일을 하지 않을 경우 직장에서 쫓겨날 수도 있으므로 숙제를 미리 할 것이다.

05. 『이웃집에는 어떤 가족이 살까?』

♣ 42쪽

1. 예시 답안

미오는 친구들이 짝을 찾거나 사람들과 가족이 되면서 하나둘 떠나자 외로워졌기 때문이다. 그래서 사랑을 나눌 수 있는 가족을 찾아 나섰다.

2. 예시 답안

생길 수 있는 문제점	사이좋게 지낼 수 있는 방법
-처음에는 어색해서 함께 있는 자리를 피하거나 자기 방에만 틀어박힐 수 있다. -서로 다른 생활 습관을 가졌기 때문에 오해하거나 부딪치는 일들이 생길 수 있다.	-친해지려면 시간이 필요하므로, 밥을 먹고 취미 생활을 하며 함께 보내는 시간을 늘린다. -불편한 점은 솔직하게 이야기하고, 대화를 통해 규칙을 만든다.

♣ 43쪽

3. 예시 답안

알리고 싶은 한국 문화	알고 싶은 필리핀 문화
-새해 첫날 떡국을 끓여 먹고, 어른들에게 세배를 하는 풍습을 알리고 싶다. -선물을 받으면 그 자리에서 풀어 본 뒤 고맙다고 말하는 게 예의라고 알려 주고 싶다.	-필리핀에서는 새해 첫날 어떤 풍습이 있는지 알고 싶다. -필리핀에서는 선물을 그 자리에서 바로 풀어 보면 실례라고 하는데, 그 이유가 뭔지 궁금하다.

4. 예시 답안

할머니가 주무시기 전에 어깨를 주물러 드린다. / 자기 방 청소는 스스로 한다. / 집안의 쓰레기는 보이는 대로 바로 휴지통에 버린다. / 할머니가 정성껏 해 주신 밥을 맛있게 먹고 밥투정을 하지 않는다. / 용돈을 모아서 할머니 생신에 선물을 해 드린다.

♣ 44쪽

5. 예시 답안

현지네 가족을 선택할 것 같다. 미오도 혼자라서 외로우니까 현지가 저녁에 홀로 시간을 보낼 때 함께 놀면 재미있을 것이기 때문이다. / 재민이네 가족을 선택할 것 같다. 아직 서로 어색해하는 가족들에게 미오가 장난을 치면 친해지는 데 도움이 될 것이기 때문이다. / 소정이네 가족을 선택할 것 같다. 소정이 엄마는 필리핀 사람이고 아빠는 한국 사람이어서 서로 다른 생활 방식을 가진 사람들과 함께 살면 미오의 마음이 더 넓어질 것이기 때문이다. / 수미네 가족을 선택할 것 같다. 수미가 학교에서 다녀올 때까지 할머니와 함께 놀면 미오와 할머니 모두 외롭지 않을 것이기 때문이다.

6. 예시 답안

-휴일에는 함께 책을 읽고 이야기를 나누는 가정을 가지고 싶다.

-가족이 함께 요리를 하면서 즐거운 시간을 보내는 가정을 가지고 싶다.

♣ 45쪽

7. 예시 답안

동수네가 행복해지려면 가족들이 함께 집안일을 하고, 자기 일은 스스로 알아서 해야 한다. 출근 준비로 바쁜 부모님께 준비물을 챙겨 달라고 하지 말고, 전날 자기 전에 미리 챙겨 놓아야 한다. 식사 준비가 늦는다며 투덜댈 게 아니라, 수저를 놓거나 물을 떠 놓는 등 식사 준비를 도와야 한다. 자기 방은 스스로 청소하고, 바닥의 쓰레기를 줍거나 빨래를 개키는 등 간단한 집안일은 스스로 알아서 해야 한다.

06. 『말들이 사는 나라』

♣ 50쪽

1. 예시 답안

'가는 말이 고와야 오는 말이 곱다'라는 말은 자기가 남에게 나쁜 말을 하면 남도 나에게 나쁜 말을 한다는 뜻이다. 따라서 남을 함부로 대하는 사람에게 하는 말이다. 다른 사람에게 존중을 받기 원한다면 먼저 다른 사람을 존중해야 한다.

2. 예시 답안

착한 말	나쁜 말
모든 걸 감사하다고 말하는 감사말	하루 종일 투덜대는 투덜말
활기차게 먼저 인사하는 인사말	늘 핑계를 대는 핑계말
함께 놀자고 말하는 함께말	모두 다 욕심 부리는 욕심말
열심히 노력하는 노력말	친구를 일러바치는 고자질말

♣ 51쪽

3. 예시 답안

상대방이 괴롭히는데도 피하기만 하면 점점 더 많은 요구를 해서 결국 노예처럼 살 수밖에 없다. 따라서 상대방이 괴롭히면 그치라고 말하며 저항해야 더 고통스러운 상황을 막을 수 있다.

4. 예시 답안

착한말들은 착한 말만 하면서 거절하거나 화내지 않았기 때문에 항상 괴롭힘을 당했으므로 나쁜 말도 배웠다. 나쁜말들은 나쁜 말만 해서 다른 말들의 기분을 상하게 했기 때문에 친구를 사귈 수 없다는 사실을 알았다. 그래서 착한 말도 배워 친구들과 잘 지내려고 했다.

♣ 52쪽

5. 예시 답안

▲시험을 보는데, 친구가 답을 보여 달라고 한다.	예)보여 주고 싶지만 그럴 수 없어 미안해. 열심히 공부한 다른 친구들에게 피해를 주게 되잖아.
▲친구들이 이유 없이 나를 괴롭힌다.	너희들이 자꾸 괴롭혀서 너무 힘든데, 내가 잘못한 일이 있으면 사과할게. 이제 괴롭히지 않았으면 좋겠어.
▲숙제를 하는데, 친구가 게임을 하자고 한다.	같이 놀고 싶지만 그럴 수 없어 미안해. 숙제부터 끝내야 하니, 나중에 함께 놀자.
▲친구가 편의점에서 함께 과자를 훔치자고 한다.	과자를 훔치는 일은 나쁜 행동이야. 편의점 주인에게 피해를 주고, 도둑질을 하면 벌을 받게 돼.

♣ 53쪽

6. 예시 답안

행복이의 나쁜 행동을 못 본 척하고 놔두면 친구들을 괴롭히는 정도가 더 심해질 수 있다. 그리고 언젠가는 자신도 괴롭힘을 당할 수 있다. 그러니 행복이의 잘못된 행동에 화를 내면서 그치라고 해야 한다. 나는 행복이에게 다음과 같이 말하겠다. "행복아, 그만해! 친구들이 너에게 잘못하지도 않았는데 괴롭히면 무척 힘들어. 너보다 더 힘이 센 친구가 이유 없이 너를 괴롭히면 좋겠니? 이제 그만하고 친구들에게 사과해!"

07. 『다름 다르지만 같은 우리』

♣ 58쪽

1. 예시 답안

우리나라에서는 숟가락과 젓가락을 사용해서 밥을 먹고, 고기는 소고기, 돼지고기, 닭고기 등을 가리지 않고 모두 먹는다. 반찬은 한 접시에 두고 젓가락으로 집어 먹는다. 하지만 인도에서는 손으로 밥을 먹는데, 왼손은 더러운 손이라고 생각해서

107

초등학생 문해독서 초급 4호 답안과 풀이

반드시 오른손으로만 먹는다. 그리고 소고기는 신성하게 여겨 먹지 않고, 돼지고기는 병을 옮긴다고 생각해 먹지 않는다. 또 침이 음식을 오염시킨다고 생각해 자기 그릇에 덜어 먹는다.

2. 예시 답안

인사할 때 침을 뱉는 행동은 귀한 것을 나눈다는 의미다. 마사이족은 아프리카 대륙의 케냐에서 사는데, 케냐는 건조해서 물이 귀하다. 이 때문에 몸에 있는 침도 귀하게 여겼다.

♣59쪽

3. 예시 답안

일본에서는 맛있는 음식을 친구에게 권할 때, 젓가락으로 반찬을 집어 주면 안 되고, 반드시 말로 권해야 한다. 일본에서는 장례식을 할 때 젓가락으로 뼈를 옮기는 문화가 있기 때문에 음식을 젓가락으로 전해 주면 실례가 된다.

4. 예시 답안

보기	
여행지	이란으로 여행을 갔다.
예절을 몰라 벌어진 일	배가 고파 식당에 들어가 음식을 먹었다. 음식이 맛있어서 식당 주인에게 최고라는 뜻으로 엄지손가락을 치켜세우며 웃었다. 그러자 식당 주인은 얼굴을 붉히며 화를 냈다.
배운 점	이란에서는 손가락을 치켜세우면 심한 욕이라고 한다. 다음부터는 손가락을 치켜세우는 행동을 하지 말아야겠다.
나의 예	
여행지	그리스로 여행을 갔다.
예절을 몰라 벌어진 일	친구와 대화를 하다가 마음이 통해서, 손바닥을 내밀어 하이파이브를 하려고 했다. 그런데 그리스 친구가 내 손바닥을 보더니 얼굴이 붉어지고 당황했다.
배운 점	그리스에서는 손바닥을 내밀면, '나는 너에게 화가 났다'는 뜻이라고 한다. 다음부터는 손바닥을 보이는 행동을 하지 말아야겠다.

♣60쪽

5. 예시 답안

이슬람교를 믿는 사람들은 돼지고기를 먹지 않기 때문이다. 이슬람교의 가르침이 담긴 코란에는 돼지고기를 먹지 말라고 적혀 있다. 이슬람 국가가 모여 있는 곳은 대개 덥고 습기가 적은 사막 지역이어서 물과 식량이 부족하다. 그래서 사람과 같은 음식을 먹는 돼지를 키우면 식량이 모자라기 때문에 돼지를 키우지 않는다.

6. 예시 답안

서로 다른 문화를 존중하고 받아들여야 선진국이 될 수 있다. 그럴 때 서로 다른 생각을 가진 사람들이 어울리면서 자기 능력을 맘껏 발휘할 수 있기 때문이다. 프랑스는 옛날부터 종교나 피부색, 생각, 예절이 달라도 똑같이 소중하게 생각하고 존중했다. 나의 생각이나 종교가 소중한 만큼 다른 사람의 것도 똑같이 소중하므로 그것을 존중한 것이다. 그러다 보니 여러 문화가 한데 어우러져 나라가 발전할 수 있었다.

♣61쪽

7. 예시 답안

다문화 가정의 친구들과 어울리면 그 나라의 말과 풍습, 예절 등 문화를 배울 수 있습니다. 서로 다른 문화를 존중하고 배우면 세상을 보는 눈이 넓어져서 내가 발전할 수 있습니다. 또 생각이 다른 사람들이 저마다 자기 능력을 발휘할 수 있기 때문에 나라도 발전할 수 있습니다. 외국의 문화를 배우려면 친구를 사귀는 것 외에도 그 나라의 말과 노래를 배우는 방법이 있습니다. 그 나라에 여행을 가는 것도 좋은 방법입니다.

08. 『강아지 시험』

♣66쪽

1. 예시 답안

미나는 강아지를 소중하게 다루고 끝까지 책임지는 일이 중요하다는 사실을 알고 있었다. 그래서 선후에게 강아지를 돌보는 데 필요한 기본 지식을 공부시키고, 끝까지 책임지겠다는 약속도 받아내고 싶었을 것이다.

2. 예시 답안

'돈으로 생명의 값을 매길 수 없다'는 말은 생명은 돈이나 물건과 바꿀 수 없는 가치를 지녔다는 의미이다. 돈으로 생명의 값을 매길 수 있다는 말은 생명을 물건처럼 생각할 수 있다는 뜻이다. 하지만 생명은 그 자체로 귀중한 존재이므로, 싫증이 나고 병이 들어서 돈이 많이 든다고 물건처럼 버리면 안 된다.

♣67쪽

3. 예시 답안

초등학생 문해독서 초급 4호 답안과 풀이

강아지가 생기면 할 일에는 '강아지의 먹이와 물을 빼먹지 않고 주겠다. / 하루에 한 번 강아지의 산책을 시키겠다. / 강아지의 목욕을 담당하겠다. / 청소를 잘하겠다. / 과거보다 더 열심히 공부하겠다' 등이다

4. 예시 답안

미나는 선후가 운동장에서 강아지들을 대하는 모습을 보았다. 선후의 모습은 강아지의 입장이 되어 불편하고 싫어할 일들을 생각하고 행동하는 모습이었다. 그래서 강아지를 키울 자격이 있다고 생각했다.

♣68쪽

5. 예시 답안

강아지가 싫어하는 일을 억지로 시키지 않겠다. / 나이가 들어도 항상 사랑해 주겠다. / 장난감처럼 생각하지 않고 친구처럼 옆에 있어 주겠다. / 불편하거나 아픈 곳은 없는지 건강 상태를 늘 점검하겠다. / 혼자 외롭게 두지 않으려고 노력하겠다 등이다.

♣69쪽

6. 예시 답안

사람들이 반려동물을 버리는 이유는 반려동물을 키우기 전에 충분히 생각하지 않아서 그렇다. 고민 없이 반려동물을 들여놓으면 할 일이 늘어나고 비용도 많이 든다는 사실을 뒤늦게 깨닫는다. 그럼 조금이라도 반려동물이 귀찮아질 경우 버리게 된다. 따라서 반려동물을 키우기 전에 비용과 할 일을 충분히 고민해야 한다. 나라에서 반려동물을 키우는 데 필요한 교육을 시키고, 자격 시험을 볼 경우 버려지는 반려동물을 줄일 수 있을 것이다

09. 『황금 사과』

♣74쪽

1. 예시 답안

(양보한다)친구는 나보다 몸집이 크기 때문에 더 지쳤다. 내가 빵을 다 먹으면 친구가 쓰러질 수도 있다. 친구에게 빵을 양보하고 함께 힘을 내면 길을 더 쉽게 찾을 수 있을 것이다.

(양보하지 않는다)친구보다 내가 길눈이 밝기 때문에 빵을 내가 모두 먹고 기운을 차릴 것이다. 그리고 친구에게 자리를 지키라고 한 뒤 나 혼자 길을 찾아 나서는 편이 더 나을 것이다.

2. 예시 답안

황금 사과는 사람의 이기심과 욕심을 뜻한다. 하나라도 더 챙기기 위해 남의 것까지 빼앗고 미워하는 모습이 담겨 있다.

♣75쪽

3. 예시 답안

사과나무에서 황금 사과가 잘 열릴 수 있게 하려면, 거름을 주고 가지를 쳐 주면서 잘 가꾸어야 한다. 그런데 두 마을 사람들은 지나친 이기심과 욕심 때문에 서로를 의심하는 마음이 깊어져 죽도록 미워하게 되었다. 그리고 서로에 대한 미움 때문에 황금 사과나무를 제대로 돌보지 않았고, 세월이 흐르자 황금 사과나무가 말라 죽었을 것이다.

4. 예시 답안

공정함이란 똑같이 나누는 것이 아니라, 형편에 맞게 나누는 것이기 때문이다. 100개의 빵을 100명에게 나눠 줄 때 1개씩 주어야 공평하다. 하지만 배가 고프지 않은 사람도 있고, 배가 많이 고픈 사람도 있다. 이런 때는 배가 고픈 사람에게 더 많이 돌아가도록 해야 불만이 없다. 두 동네 사람들이 황금 사과를 나누기 위해 회의를 할 때에도, 어떤 동네가 사람 수가 더 많은지, 가난한 사람이 많은 곳은 어딘지 등을 따져서 나눠야 한다.

♣76쪽

5. 예시 답안

꼬마는 담 너머에 사는 아이들에게 먼저 다가가 인사를 하고 대화를 나누려고 했다. 욕심이 지나쳐서 상대에게 상처를 주고 미워하는 사이가 되었을 때에도 이런 마음가짐을 가져야 한다. 내가 먼저 다가가 대화를 하려고 노력해야 화해할 수 있는 길이 열린다.

6. 예시 답안

서로 이익을 더 차지하려고 두 편이 다툴 때에는, 모두에게 이익이 되는 쪽으로 의견을 모아 문제를 해결해야 한다. 먼저 양쪽의 대표자들이 모여서 의견 차이를 좁혀야 한다. 그런데도 의견 차이가 좁혀지지 않으면 자기편끼리 회의를 해서 의견을 다시 모아야 한다. 그 뒤 상대편과 마주앉아 대화를 해야 한다. 마지막에는 서로 양보를 해서 어느 편도 손해가 나지 않고, 모두 이익이 되도록 결정해야 한다. 그래야 같은 다툼이 다시 일어나지 않는다.

♣77쪽

7. 예시 답안

남한과 북한이 통일해야 한다고 생각하는 학생이 갈수록 줄고 있다. 남한과 북한이 통일을 하려면 자주 만나 대화를 나누는 자리부터 마련해야 한다. 서로 대화하지 않으면 오해가 쌓

여서 미워하는 마음만 더욱 커지기 때문이다. 대화할 때에는 통일을 하면 남북한 모두에게 여러 가지로 이익이 된다는 점을 충분히 알려야 한다. 그래야 남북한 국민 모두 통일을 하고 싶은 마음이 저절로 생길 수 있다.

10. 『보이지 않는 아이』

♣82쪽
1. 예시 답안

친하거나 발야구를 잘하는 사람만 같은 팀원이 되므로, 소외를 당하는 친구가 생긴다. 팀원에 뽑히지 못해 외톨이가 된 친구는 마음의 상처를 받고, 학교에 나오기를 싫어하게 된다. 또 마음의 상처가 너무 커서 친구들에게 나쁜 말과 행동을 하게 될 수도 있다. 따라서 팀을 정할 때에는 모두 같이 어울릴 수 있게 해야 한다. 제비뽑기를 하는 등의 방법으로 팀을 정하면, 브라이언처럼 계속 혼자 남지 않게 될 것이다.

2. 예시 답안

친구를 욕하거나 때리는 행동만 폭력이 아니라 투명 인간처럼 무시하는 행동도 폭력이다. 다른 사람에게 무시를 당하면 자존심이 상하고 마음의 상처를 입게 된다. 이렇게 생긴 마음의 상처는 쉽게 치료되지 않아 친구를 계속 힘들게 할 수 있다.

♣83쪽
3. 예시 답안

공부를 잘하거나 돈이 많은 친구 등만 골라 사귀면 다양한 생각을 나누고 경험을 할 기회를 얻지 못한다. 커서도 한쪽으로 치우친 생각을 하게 될 수 있다. 그리고 부자만 골라 사귈 경우 자신이 돈이 없으면 나중에 소외를 당할 수 있다. 친구가 아닌 다른 아이들과 다툼이 생길 가능성도 크다. 어른이 되면 생각이 좁아져 리더십을 갖기도 어렵다.

4. 예시 답안

성격이 소극적이더라도 용기를 내어 친구들에게 다가가는 노력을 해 본다. 먼저 인사하고 친근하게 대한다. 자신이 잘못된 행동을 했다면 친구들에게 사과한다. 하지만 잘못한 적이 없거나 노력을 해도 상황이 나아지지 않으면, 선생님이나 부모님께 자기가 따돌림을 당해 괴롭다는 사실을 알리고 도움을 요청한다. 선생님이나 부모님께서는 따돌림에서 벗어날 수 있는 방법을 찾아줄 수 있으므로 반드시 도움을 요청한다.

♣84쪽
5. 예시 답안

다른 학교로 전학했을 때, 처음엔 어색해서 먼저 말을 걸기 어려웠다. 하지만 용기를 내 먼저 웃으면서 친구들에게 다가가 인사했다. 또 친구의 이름을 외워 불러 주기도 했다. 그러자 상대방도 나를 좋게 봐주어 쉽게 친해질 수 있었다.

♣85쪽
6. 예시 답안

다른 친구를 따돌리는 이유는 성적 문제나 집안 사정, 장애 등 여러 가지다. 하지만 이런 이유는 그 친구가 잘못한 것이 아니다. 그리고 남을 따돌리는 행위는 손으로 때리는 것보다 더 깊은 마음의 상처를 남기는 폭력이다. 사람은 누구나 존중을 받아야 하는데, 자신의 잘못이 아닌 이유로 따돌림을 당하면 자존심을 다치게 된다. 같은 이유로 언젠가 나도 따돌림을 당할 수 있다. 따라서 따돌림을 당하는 친구를 보면 도와야 한다. 나는 교실에서 따돌림을 당하는 친구를 보면 아이들에게 '그쳐'라고 소리를 지르겠다. 그래도 아이들이 멈추지 않으면 선생님께 말씀을 드리겠다. 또 따돌림을 당하는 친구와 함께 행동하며 그 친구의 다친 마음을 위로하겠다. 나아가 내 친구들을 소개해 외톨이에서 벗어나게 해 주겠다.

11. 『세 가지 질문』

♣90쪽
1. 예시 답안

좋은 사람이 될 수 있을 거라고 생각했기 때문이다. 세 가지 질문은 가장 중요한 때와 가장 중요한 사람, 가장 중요한 일이 무엇인지 묻는 것이다. 이런 질문에 대한 답을 알 수 있다면, 언제나 올바른 행동을 하면서 살 수 있다.

2. 예시 답안

왜가리 소냐는 미리 계획을 세우면 가장 중요한 때가 언제인지 알 수 있다고 했는데, 미래는 계획한 대로 이루어지지 않기 때문이다. / 원숭이 고골리는 가장 중요한 사람이 아픈 사람을 치료해 주는 사람이라고 했는데, 아픈 사람이 나타나지 않으면 가장 중요한 사람도 없기 때문이다. / 개 푸슈킨은 가장 중요한 사람이 규칙을 만드는 사람이라고 했는데, 규칙은 만드는 것도 중요하지만 지키는 일도 중요하기 때문이다.

♣91쪽
3. 예시 답안

레오는 니콜라이가 질문에 대한 답을 스스로 찾을 수 있기를 바랐다. 답을 누가 가르쳐 주기보다는 스스로 경험을 통해 답을 찾아야 실천할 수 있는 힘이 생기기 때문이다.

초등학생 문해독서 초급 4호 답안과 풀이

4. 예시 답안

다른 사람을 도울 때는 자신의 안전도 살펴야 한다. 물에 빠진 사람을 발견했을 때는 무조건 구하려고 물속으로 뛰어들면 자기도 같은 위험에 빠질 수 있다. 그러니 먼저 119에 신고부터 한다. 그리고 튜브 등 물에 뜨는 것을 끈에 매달아 던져 주거나 어른에게 알린다.

♣92쪽
5. 예시 답안

나에게 가장 중요한 사람은 지금 내 곁에 있는 사람이다. 서로 마음을 나누면서 힘이 되어 줄 수 있기 때문이다. 성적이 떨어지는 친구도 내 곁에 있는 친구이기 때문에 소중하다. 모르는 것을 가르쳐 주거나, 함께 답을 찾으면 내 공부에도 도움이 된다. 또 내 친구가 되어 주어 고맙다는 마음을 전달하면, 그 친구가 자신의 소중함을 알게 된다.

6. 예시 답안

가장 중요한 때	아침밥을 먹는 순간. 하루의 삶을 활기차게 시작하는 출발점이기 때문이다.
가장 중요한 사람	우리 가족. 지금 내 곁에서 힘을 주는 사람이기 때문이다.
가장 중요한 일	다 먹은 식기를 설거지통에 담고 온 일. 내가 할 일을 하면서 부모님을 도와야 우리 가족이 더 행복하게 살 수 있기 때문이다.

♣93쪽
7. 예시 답안

니콜라이가 깨달은 세 가지 질문에 대한 답은 지금 함께 있는 사람을 위해 좋은 일을 하는 것이다. 민석이는 할 일을 미루지 말고, 지금 바로 하는 습관을 들여야 한다. 그러면 할 일이 쌓여서 시간에 쫓기는 것을 막을 수 있다. 소정이는 어떤 일을 할 때 나중에 후회하지 않도록 신중하게 생각해야 한다. 아침 일찍 일어나는 습관을 들이면 지각을 하지 않고, 친구와 놀 때 양보하면 다툼이 일어나지 않아 후회할 일이 생기지 않는다.

12. 『크리스마스 선물』

♣98쪽
1. 예시 답안

초등학교에 입학한 해 엄마께서 생일상을 직접 차려 주셔서 가장 감동을 받았다. 내가 좋아하는 음식만 모아 정성을 다해 요리해 주셨기 때문이다. / 친구들이 내 생일에 내가 가지고 싶어 하던 장난감을 선물해 주어 가장 감동을 받았다. 친구들이 용돈을 절약해 힘을 합쳐 선물을 마련해 주었기 때문이다.

2. 예시 답안

산타 할아버지, 안녕하세요?

저는 서울에 사는 초등학교 2학년 이행복입니다. 이번 크리스마스에 두 발 자전거를 가지고 싶어요. 저는 그동안 세 발 자전거를 탔는데, 이제부터는 두 발 자전거를 타고 싶어요. 두 발 자전거를 타면 속도가 나서 더 재미있고 건강해진다고 해서 더 타고 싶어요. 저는 네 살짜리 동생 행운이와 열심히 놀아 주고 장난감도 많이 빌려 주었어요. 엄마도 저에게 착하다고 하셨어요. 그러니 이번 크리스마스에 저에게 꼭 두 발 자전거를 선물해 주세요. 산타클로스 할아버지, 그럼 만나는 날까지 항상 건강하세요

○○○○년 ○○월 ○○일 이행복 올림

♣99쪽
3. 예시 답안

델라와 짐 부부는 자신의 가장 소중한 것을 팔아 상대방에게 줄 선물을 마련할 만큼 상대방을 소중히 여긴다는 점을 몸소 표현했다. 이들이 주고받은 진정한 선물은 바로 상대방을 진심으로 사랑하고 아끼며 믿는 마음이다.

4. 예시 답안

델라와 짐은 서로의 마음을 확인했고 더욱 용기를 얻었다. 델라는 짐에게 시계를 사 주겠다고 마음먹었으며, 짐은 델라가 다시는 머리칼을 팔지 않도록 해야겠다고 다짐했다. 그들은 힘을 합쳐 돈을 많이 벌자고 약속했다. 둘은 서로 열심히 일해 결국 큰 부자가 되었다. 시계와 머리칼도 다시 얻었고, 기부도 많이 하며 행복하게 살았다.

♣100쪽
5. 예시 답안

악기 연주하기, 춤추고 노래하기, 집안 청소하기, 요리하기, 심부름을 하기, 같이 놀아 주기, 숙제 돕기, 공부 가르쳐 주기 등.

6. 예시 답안

어린이에게 아무 노력이 없는데도 비싼 선물을 계속 사 줄 경우 독립심이 약한 어른으로 자랄 수 있다. 어릴 적부터 독립심을 키워 주지 않으면 다른 사람에게 기대서 살게 되고, 자신감도 사라진다. 또 비싼 선물을 받는 학교 친구들과 가난한 가

정의 어린이들이 비교가 되어 상처를 줄 수 있고, 자기가 왕따를 당해 마음을 다친 채 자랄 수 있다.

♣101쪽

7. 예시 답안

코로나19 때문에 세계적으로 한 달에 1만 명이 넘는 어린이가 굶어 죽고 있다. 내가 산타클로스 할아버지라면 굶주리는 어린이들에게 1년 동안 식당에서 음식을 먹을 수 있는 쿠폰을 선물할 것이다. 나는 국제 어린이 보호 단체와 협력해 굶주리는 어린이들에게 음식을 사 줄 수 있는 돈을 마련하겠다. 그리고 그 돈을 나라별로 나눠서 어린이들이 공공 식당에 가서 쿠폰만 내밀면 식사와 간식을 먹을 수 있도록 할 것이다. 어린이들이 공공 식당에 가기 어려울 경우 어린이의 집으로 식사와 간식을 배달시키도록 할 것이다.